非学歴エリート

非学历派精英

职场逆袭法则

〔日〕安井元康 著
庞世瑾 译

北京大学出版社
PEKING UNIVERSITY PRESS

著作权合同登记号　图字：01－2014－8698
图书在版编目(CIP)数据

非学历派精英：职场逆袭法则/(日)安井元康著；庞世瑾译. —北京：北京大学出版社，2015. 10

ISBN 978－7－301－22091－7

Ⅰ. ①非…　Ⅱ. ①安…　②庞…　Ⅲ. ①成功心理—通俗读物　Ⅳ. ①B848. 4－49

中国版本图书馆 CIP 数据核字(2015)第 219708 号

书　　名　非学历派精英：职场逆袭法则
Feixuelipai Jingying：Zhichang Nixi Faze
著作责任者　〔日〕安井元康　著　庞世瑾　译
责任编辑　李　昊　徐少燕
标准书号　ISBN 978－7－301－22091－7
出版发行　北京大学出版社
地　　址　北京市海淀区成府路 205 号　100871
网　　址　http://www. pup. cn
电子信箱　ss@ pup. pku. edu. cn
新浪微博　@北京大学出版社
电　　话　邮购部 62752015　发行部 62750672
编辑部 62765016/62753121
印 刷 者　北京汇林印务有限公司
经 销 者　新华书店
850 毫米×1168 毫米　A5　7. 75 印张　109 千字
2015 年 10 月第 1 版　2015 年 10 月第 1 次印刷
定　　价　36. 00 元

前　言

大学毕业后，我大概有半年时间处于待业状态，后来终于在一家初创公司*谋到了职位。之后我就跳槽到了另一家初创公司，并且在这家公司从一名普通员工成为财务总监。那一年，我 26 岁。

第二家公司叫 MCJ，是一家与计算机产业相关联的公司。2004 年 MCJ 在东京证券交易所的创业板上市，上市后销售额曾一度达到 1000 亿日元。我有幸全程参与整个上市过程，并且主持完成了上市的主要工作。

---

* 初创公司，泛指刚刚成立且没有足够的资金以及资源的各类公司，往往都有资金短缺、人才匮乏（通常只有创始人及为数不多的核心员工）、业务开拓吃力等问题。

但在帮助公司成功上市后，我却作了一个决定：离开 MCJ，去剑桥大学攻读 MBA。现在，我已从剑桥毕业，在经营共创基盘咨询公司做总监，主要负责企业重组、企业并购、初创公司的创办等多方面的咨询工作。这一年，我 32 岁，是公司最年轻的总监，年收入是第一份工作的十几倍。

这就是我到目前为止的人生经历，读者朋友们觉得如何？

可能有人会在心里说“这人可真够骄傲自大的”，或者觉得“没兴趣，我一点都不羡慕你这种成功人士”。不过我相信，一定也有和我志同道合的人会赞赏我取得的成功。对于和我一样普通而又向往成功的人，我想通过这本书告诉你：一个既非名校出身又无显赫背景的人，是如何按照自己的规划一步一步走向成功的。

我是一个自我主义者。在作职业规划的时候从来不参考任何人的意见和方法，所以我这本书里写的方法可能极富个人色彩、非常主观。但是近年来，我在指导年轻职场人如何完成工作时慢慢发现，其实我的方法未必不会帮到其他人，因为我和大多数人一样，就是一个无学历、无背景、从很小的公司开启职业生涯的人。

我的学习经历极其普通，在书中也有详细介绍，我毕业于一所很普通的高中，考入一所很普通的大学（明治学院大学），后来又进入一家很普通的公司（虽然称作“初创公司”，看起来似乎高深莫测，实际上就是中小型企业）。我想应该有很多人和我有着同样的经历吧。而且，这其中的大部分人可能都会绝望地认为：“我这辈子都没有翻身的希望了。”我想对这些人说：“绝对不是，就像有着同样经历的我不是也按照自己的规划一步一步走到今天，取得了成功吗？”这并不是幸运。而且我相信，即便没有好运气，只要能改变思维方式，每个人都可以获得成功。

那么，我们该如何改变思维方式呢？

答案就在这本书中。在书中，我从各种角度切入，反复强调一种非常重要的思维方式：想要翻身就必须用自己已掌握的方法不断努力！也就是说，这本书不是鼓励你去做事倍功半的无用功，而是希望你知道，任何人都可以去努力，但是一定要找到正确的努力方法。本书将会详细介绍“努力方法论”，相信一定可以帮助你找到正确的努力方法。

你在逛书店的时候一定常常会看到，在职场书籍专区摆着很多书，其中大部分是“国际化人才(学历派精英)教你如何玩转职场”或者“成功企业家白手起家之路”之类的成功书籍。其实对于我们普通人来说，读这类书毫无帮助，因为它完全不适用于普通人。

但是本书却不同，它完全是为普通人而写的，这也是我写这本书的初衷。如果你并非名校出身，亦非名企就职，对于未来还很迷茫，却又想改变自己，那么请相信，这本书就是为你而写，它会告诉你普通人如何通过正确的努力方法，最终走向成功。

也许你会觉得我的方法很蠢、很笨、很无趣，但如果它是一种人人适用的成功法则，我想它必定不会太华丽、太花哨。

找到了正确的方法并一直不懈努力，总有一天，你会取得令自己意想不到的成绩，这也是我的亲身经历。

希望这本书能够成为你走上努力之路的契机，并为你的华丽变身助一臂之力。

目录

第五章 成功逆袭需要的学习方法

第一章　确立正确的目标

——清楚自己到底想成为什么样的人

在这一章，我会为你解答如下问题：

- 我没有高学历，怎么办？
- 我从来没有努力过，我好像不会努力，怎么办？
- 常常后悔当初没有进入更好一点的公司，怎么办？
- 我不知道自己到底想做什么，怎么办？
- 我想做点什么改变现状却又无从下手，怎么办？

如何在职场中战胜名校出身的人？

我从东京一所公立高中毕业后考入明治学院大学就读国际学专业。人们总是习惯赞美自己的母校，但抛去这种情结，客观来说，明治学院大学的确是一所非常普通的学校，在我现在就职的公司里，所有同事中我的本科学校是最差的。但是，在大学刚入学时我就立下志向：高考中我是失败者，但是在未来的职场中我一定要逆袭那些名校出身的人！

为什么我会如此信誓旦旦地立下誓言，因为我知道：高考并不是真正的决胜场，能否考上好的大学与家长的收入水平等不能通过自己的努力改变的因素有着极大的关系；而职场则不同，工作全凭自己，没有任何人可以依靠，在职场上可以真正地一决胜负。所以我相信，我一定能通过自己的努力在真正的决胜场上战胜他们。

英语与数学知识——我的两大制胜法宝

现今的日本社会实际上还是一个重视出身、学校和学历的社会。

最开始找工作的经历让我第一次对此有了深刻的体会。相信找过工作的人都知道，很多用人单位对求职者的毕业学校都有要求，简单来说，如果不是毕业于名校，那么就很难进入名企。正因为如此，很多人想依靠学校的名气找到一份工作。但我却从来不这样想，我要靠自己的能力去找工作。

我成长在一个并不富裕的单亲家庭，母亲一人抚养我们三个孩子。生活的拮据让我不得不从 14 岁就开始打工。大学期间，为了赚钱贴补家用，从建筑工人到期货经纪人，我先后体验了各种各样的工作。尽管如此，为了能够在职场上取得胜利，在大

English
财会
数学
必胜
by Sue

学期间除了打工之外的其他时间，我都用来学习两样助我制胜的法宝。

这两样法宝就是英语和与财会相关的数学知识。特别是在英语学习上，我下了很大力气。在学习过程中，我坚持每天学英语三小时，无论刮风下雨还是身体欠佳，雷打不动。之所以如此努力地学英语，是因为我知道，在日本即便是毕业于一流大学的学生，不会英语的也大有人在。而且，我曾经看到过这样一则新闻报道：在一些一流企业中，员工晋升之前要考核其英语能力，但要求并不高，比如只需托业分数高于730分。我非常清楚，如果能够彻底地掌握英语，那么我就掌握了一张制胜的王牌。

功夫不负有心人，在日复一日的努力下，大学毕业时我的英语已达到商务交流水平，数学知识（当时主攻管理会计）也有了很大的进步，至少可以知道相关知识如何用英语和日语表达。

正面进攻不可取

当年我找工作的时候就业形势非常严峻，尽管如此，我周围的大多数人还是想进大公司，但其实非名校出身的人，除非你有过人的一技之长，否则在简历被筛选的过程中就会因为学校不够有名而被筛掉。而我当时就选择了与众不同的路：将中小型的初创公司作为我的选择。因为我知道，只有这样的用人单位才会更重视我的个人能力而非学历背景，而且在这样的公司里工作可以学到很多知识，积累很多经验。

想要战胜名校出身的人，首先，要摒弃被大多数人赞同的方法并选择反其道而行之。其次，要脚踏实地，坚持努力，在实际工作中不断积累经验、历练自我，只有这样才能最终取得成功。

其实，用人单位在作出选择时会倾向名校出身的人并非毫无道理，因为同样是没有工作经验的毕业生，选择那些成功概率高的人终归是更保险一些。从这一点看，对于像我一样的普通人来说，如果立志和那些优秀的人用同样的方法达到同样的目标，结果必定是惨败。所以，如果想战胜名校出身的人，第一步就是要勇敢地选择一条与众不同的路。

当年我找工作的时候，就决心赌一次，于是我选择了绝大多数人都不会考虑的初创公司。我相信，通过自己的努力，我一定会开拓一片属于自己的土地。

勇敢地作出选择之后要做的事情就是不要在意工作的好坏和工资的多少，而是要看工作的环境和内容是否能让自己有所成长。比如我所选择的初创公司，听起来似乎不凡，但实际上就是中小型企业，薪资水平是极低的。但我在向初创公司投简历的时候，并不介意薪资是多少，而是在意在这家公司工作我的付出是否能得到公正的评价。除此之外，如何将自己"卖出去"也是一门技巧。例如，有些公司会在招聘要求中写"需要两年工作经验"，遇到这种公司，我就会在求职信中写"虽然我没有两年的工作经验，但是我工作起来的劲头绝不输给有经验的人。我甚至可以不要工资，请务必给我一次机会"。

任何时候开始都不算晚

我就职的第一家公司，是一个叫做 GDH 的动画制作公司。选择入职这家公司，我是经过深思熟虑的。当时我觉得动漫和游戏都是源自日本，并且现在向全球发展的速度越来越快，前景也越来越好，所以一家以制作动漫和游戏为主要工作内容的公司未来也必定是一片光明。

后来我跳槽到了 MCJ 公司，这是一家以 BTO（产品按照客户订单生产，按照用户的需求制作）方式出售电脑的公司。在这家公司，我通过自荐成为公司上市工作的主要负责人。在准备上市期间，我每周工作六天，每天工作 18 个小时，同时还坚持每天学习三小时，就这样一直坚持到公司上市。

再之后的经历，就像我在前言中写到的那样，我辞职去剑桥读了 MBA，现在就职于经营共创基盘咨询公司。

我就是这样用自己的方法，朝着自己的目标努力，渡过了一个又一个难关，一直走到了现在。虽然在旁人看来，如今我已取得了成功，但这不是我人生的终极目标，我也并不认为我的人生从此就可以称作一个成功的人生了，因为成功不是一次性的，人生并不能由一次成功贯穿，真正成功的人生应该由一个又一个目标和一次又一次成功组成。成功应该是可以被无数次重复的。

在这个过程中，最重要的是坚持和努力。上大学的时候，我就给自己定了目标并开始学习掌握相关知识。那时我抓紧每一分每一秒努力学习，使自己每天都有所收获，因为我知道天道酬勤，付出终有回报。功夫不负有心人，在30岁之前我已经先后在两家上市公司工作过，并且有了丰富的工作经验。

或许有人听了我的经历后会非常不理解，觉得“只有疯子才会那样努力”。而我想要说的是，努力这件事谁都可以做到。

或许还有人会说：“你在大学的时候就立下了目标并开始为之努力，所以现在才能这么成功”，“我现在开始努力已经来不及了”。其实不然，在本章的最后一部分我会详细介绍，只要想改变，任何时候开始都不算晚。考虑晚不晚是在浪费时间，与其纠结这个问题，不如想到了就去行动。找到了自己的目标，需要做的就是马上行动。相信我，只要足够努力，无论何时开始，最后都会取得成功。

成功只能靠努力和坚持，但是……

上一部分我说了，成功只能靠足够的努力和坚持不懈。看到这里，你可能会说："只要努力就会成功，这种老生常谈谁都知道。"那么，既然你都知道，为什么还不努力呢？

努力并不是一种很难掌握的技能

我们经常会听到这种说法：努力也是一种技能，并不是人人都会。

这种观点大错特错。因为我相信，只要有条件，任何人都能坚持不懈地努力。这个必要条件就是：对自己的未来有着明确的目标，知道自己到底想成为什么样的人。所谓的目标，必须是自己的目标而非公司的目标或者团队的目标。这个目标非常重要，一旦确立，就要马上停止做一切与之无关的无用功，只有这样才能换来成功。而且，不管是谁，只要确信某件事是为自己而做，那么即使无人监督，他也能一直坚持、努力。反过来说，大多数懒惰的人其实都是没有自己目标的人，因为如果有目标，只要一想到它，一定就会马上行动起来，哪还能容忍自己懒惰？

现在职场中似乎弥漫着这样一种不良风气：很多人都认为勤奋努力是一种很逊的表现。如果你刚好处在这样的环境中，千万不要灰心丧气，这简直是一个绝佳的机会！因为处在这样的环境中，只要你稍微一努力，就会马上与周围的人拉开距离。

当然，努力的确会带来成功，但是你也要知道，有些事情并不是通过努力就能改变。我从很久以前就养成了一种习惯，在分析某件事情或者某项工作的时候，我会分别考虑“可改变因素”和“不可改变因素”，这种习惯让我免去了很多无用功。

所谓的“不可改变因素”中最明显的就是过去。你经历的成长环境、你过去做过的事、过去发生的事等，无论如何努力都不会有任何改变，所以它们是“不可改变因素”。拿我来说，我成长在一个单亲家庭，求学期间，在别人去补习班或者玩的时候，我却在工地、搬运公司等地方打零工，参加补习班或者特长班对我来说是根本不可能的。但我却从未因为这样的成长经历而郁闷、难过或怨恨，因为我知道，即便我每天抱怨“要是能生在一个更富有的家庭里就好了”，我也不会重生，我的这些经历也不会有丝毫的改变。在职场中也是如此，就算你每天都在抱怨“如果没选择这样的公司就好了……”“如果能遇到个好领导就好了……”“如果能早点开始学习就好了……”这些事实也不会改变，所以抱怨是毫无意义的，与其每天抱怨不止、闷闷不乐，还不如用这个时间去改变那些“可改变因素”，为自己的成功构建更好的环境。

未来是可以通过努力改变的“可改变因素”

在人的一生中，有很多“可改变因素”，其中最易被发现的就是未来。自己未来要走的路、未来要做的事都是可以通过自己的努力改变的。比如说，时间赋予每个人的都是每天 24 小时，但是如何使用这 24 小时却完全靠自己来安排。再比如说，工作方式、学习方法以及何时开始一项工作等都是可以自己决定的。

这些“可改变因素”就是人生最神奇的地方。过去已成定式，无法改变，但是未来却有无限种可能。第一次找工作的时候用人单位看重的是你的学校，而跳槽之后用人单位看重的就是你的工作经历了。所以，改变现在和未来的自己，就能改变人生。要相信，你自己的潜力其实比你想象的更大。我认为每个人都是潜在的成功人士，但是能取得多大的成功，就要看他能坚持努力多久了。

拿我来说，其实我也不知道自己到底有多大潜力，但我会在自己可控制的范围内最大限度地挖掘自己的潜力，因为我想知道自己到底能做到什么程度。这本书的出版就是行动之一。我很期待看到这本书出版之后自己的改变。

我希望这本书的读者也能像我一样，在自己可以改变的事情上不向现实妥协。不要再抱怨自己的学校不好、自己的公司不好、周围的环境不好了，赶快行动起来吧！

学生时期，由于受到家庭环境和父母收入的影响，我们的人生并不是由自己掌握，而是被父母规划好的。工作之后则不同，所有的事情都可以自己作选择，所以工作之后的人生才是自己描绘的人生，任何改变都有可能发生。许多人认为大学毕业之后就再也不用学习了，这是完全错误的，其实真正的学习是从大学毕业之后开始的。不过，也正是因为他们认为没必要再学习了，我们才有了逆袭的机会。所以，从现在开始，停止一切不切实际的想象和毫无意义的抱怨吧，朝着自己的目标，努力！奋斗！

如何确立适合自己的目标？

在上一部分中我提到了，只要有了自己的目标，任何人都可以做到足够努力。但实际上不难发现，有很多人想要改变现状，却总也找不到明确的目标，导致迟迟不能行动。

这确实是个亟待解决的问题。产生问题的原因之一是：我们有着太多的选项。当今社会无论是生活方式还是职业种类都过于多样化，反而使得从中作出选择变得难上加难。那么，这个问题该如何解决呢？很简单，可以先从自己感兴趣的工作里选择一个，然后寻找相关的工作机会，亲身体验工作的环境和内容，再来决定哪一个才是适合自己的工作。

想想自己喜欢某件事的理由是什么

想要确立目标，首先必须要对自己有全面的了解，要知道“我到底是什么样的人”并由此确定理想中的自己，再以自己喜欢做的事情为出发点，一步步找到适合自己的目标。比如，有人工作时从来都不能集中精力，但是一玩起游戏却可以连续三四个小时聚精会神、目不转睛。这种人能够长时间地将注意力集中在一件事情上，所以按理来说需要集中注意力的工作一定会很适合他，比如制造业或者作研究等。但实际上并非如此，不是所有集中注意力的工作都适合他。其实，这样的人想要找到适合自己的工作，有两种方法可以尝试。第一种是直接找与游戏相关的工作，比如游戏开发、职业玩家、游戏杂志编辑等。第二种是先仔细分析自己为什么会喜欢网游，是喜欢收集各种道具、喜欢与其他玩家一起组队完成任务、享受比其他人更快取胜的喜悦，还是单纯地喜欢游戏中制作精良的界面。找到喜欢的原因之后，再去选择与其相关的工作。

分析自己的喜好，然后再根据喜好和兴趣所在选择适合自己的工作和目标。当今社会迅速发展，职业的种类也变得五花八门、多种多样，只要用心，一定能找到适合自己的工作和可以让自己的职业生涯熠熠生辉的目标。

想尽一切办法寻找自己的兴趣

与仔细分析自己的喜好相同，行动力也尤为重要。

很多人问我："我找不到自己想做的事情怎么办？"每当听到这个问题，我会首先反问他："你是如何去寻找的？"大多数人的回答都是：觉得自己对某一行业感兴趣后就去读了几本行业相关的书籍，读完后发现其实并不是自己喜欢的或者并不适合自己，然后就不了了之了。

在我看来，他们中的绝大部分并不是找不到，而是没有努力寻找。仅仅读几本相关书籍就想找到自己的兴趣所在，世界上怎么会有这么容易的事情，如果只是这种程度的努力，你永远都不会找到适合自己的工作和目标。不仅要读书，还要去真实的工作环境中体会。比如你对某一行业感兴趣，那就找机会和从业人员接触，听听他们的看法，或者去公司里短期工作或实习，看看真实的环境是什么样的。当然，最理想的状况就是刚好能做自己想做的那份工作。也许对于既没人脉又没背景的人来说做到这些很不容易，但无论如何都一定要去做，即便是通过求人或者走后门都是值得的。因为只有这样你才知道自己对这个行业的认识与实际情况是否相符，在这里工作未来会不会有发展前途，以及自己是否对这一行业真的感兴趣。

寻找最适合自己的工作的捷径就是去真实的工作环境中亲身体验。如果在这个过程中发现其实自己并不喜欢这份工作或者这份工作并不适合自己，无须顾虑，马上辞掉。因为此时你相当于还在试验阶段，辞掉工作就是排除错误选项，这是理所当然的。

我就有过刚工作两个星期便辞职的经历。在寻找合适工作的过程中就要多尝试，不要认为这是浪费时间或是做无用功，有时用排除法排除一个个错误选项也不失为一种良策。我始终相信，人无法了解自己没有经历过的事情。一个人如果没有在初创公司工作过，当他谈论到初创公司时，无论他的话多么使人信服，实际上都未必与事实相符；反之，如果在初创公司工作过，这段工作经历很可能会改变他曾经对这一行业的看法，让他的见解变得更独到、更真实、更有说服力。

前面我也说过，在试验阶段如果发现工作并不适合自己，不要犹豫，马上辞掉。可能这样做会遭到非议或者不被理解，但是不要怕，坚持住，就算失败了也没什么。在这个阶段的失败并不是真正的失败，只是帮助你又划掉了一个错误选项而已，你要做的就是努力熟悉环境、认清自己、找到真正适合自己的工作和追求目标。

暂时忘掉“追求工作与生活的平衡”吧

最近很流行追求工作与生活的平衡，越来越多的人希望将工作占用的时间分配一部分给日常生活。但是在努力追求成功的过程中，我从未考虑过二者的平衡。前面我也提到过，在初创公司工作期间，我每天工作 18 小时，不是公司强制，而是我自愿加班。来到现在这家公司后，我也曾连续数月每天通宵达旦地工作。在初创公司工作期间，为了节省时间，从周一到周五，每天午饭我都是在同一家连锁便当店解决，因为从公司小跑到那里只需要一分钟的时间。每天都吃同一种饭，只为把看菜单的时间也节省下来。每周只有周六才改吃荞麦面，换一下口味。而且每次吃饭的时候我都会带一本书，在等候的空档抓紧时间看几页，每次去某个地方也都是一路小跑。下班后，为了赶上最后一班地铁，我常常跑着去地铁站、跑着换乘。那段日子里，我甚至

by Sue

觉得连呼吸都是在浪费时间。也许是因为过于疲劳，在公司成功上市后，我一度吐血晕厥，但即便这样，住院期间我仍然带着书坚持每天学习。如果那时有人对我说：“你的工作与生活已经完全失去了平衡!”我想我的回答一定是：“你懂什么?!”

可能在别人看来我似乎对自己过于残酷，而我却因每天都能感受到自己的成长而乐在其中，即便后来由于疲劳过度而吐血晕厥，我也为能够挑战自己的极限而高兴。

不是所有的工作都值得拼命去做

如果上司硬派给你一个任务，为了完成它，你需要拼命加班，那么在你看来这肯定是一份苦差事，不仅没有丝毫快乐可言，甚至毫无意义。但如果这个任务对你个人成长和成功有很大的帮助，那么即便是拼命加班，你可能也会乐在其中。这种快乐看起来很自私,但我觉得并无不妥。利用公司或者团队的资源使自己成长并取得成功的同时，也一定会为公司或团队带来好处，这是一种良性循环，这种循环一旦形成，你就会感受到自己潜藏的巨大力量。

只要处理好与公司或团队的关系，每个人都能有这种体验。关于如何处理好与公司或团队的关系，我将在第三章详细讲述。

当然，尽管我一直拼命工作，但我并不否定“追求工作与生活的平衡”，只是我觉得长期来看，这种平衡不应该是通过人为控制达到的，而应该是自然而然地形成的。

如果你的工作常常半途而废，那么你的人生也将一事无成

工作与生活是否达到了平衡，不该看每天投入工作和生活的时间各是多少，而应该看很长一段时间内投入工作和生活的时间总和是否平衡。特别是当你还未适应工作时，如果执意追求工作与生活的平衡，就很可能使工作和生活都陷入不正常的状态。人生很长，在不同的阶段就要有不同的优先顺序。年轻人用工作去充实生活才是正道，年轻的时候就应该以工作为重，工作占据了每天半数以上的时间，也是生活的一部分。如果连工作都做不好，那生活岂不是也会失去意义？年轻人除了青春一无所有，如果将仅有的青春分散到工作、玩乐、游戏人生中，

那么人生可能会变得毫无意义，但如果将青春全部投入工作中，相信一定会有超乎想象的回报。

努力工作的回报常常姗姗来迟，可能你努力工作了一段时间却仍然看不到改变，直到有一天，你发现自己好像突然成为一个超人，独当一面。正因为如此，工作前期是一个虚心学习、潜心努力的阶段，要做到韬光养晦、厚积薄发。

只要能坚持这样做，你的工作和生活一定会达到平衡。

从我自己的经历来看，先是集中精力努力工作，在取得一定的成功之后再去丰富自己的生活。现在，我也能确保与家人、朋友相处的时间，我觉得我从未使自己的工作和生活完全失去平衡。

当然，我也知道，有些人容易满足、安于现状，他们认为："我现在这样就很好，不需要更高的追求，我也找到了工作与生活的平衡点。"我想对这些人说："你必须要克服惰性，不能停滞不前，你现在对于工作的投入是零，如果工作与生活真的达到了平衡，那么就说明你对生活的投入也是零，这样的生活、这样的人生意义何在？"

不要做被他人的话语所左右的“墙头草”

如果你对自己现在的状态不满意，想要华丽变身，那你就必须要记住，千万不能成为“墙头草”。这个世界上有太多的人在按照别人的意愿活着，把别人的价值观当做最正确的价值观，认为大多数人赞同的方法就一定是正确的选择。这些人就是我所谓的“墙头草”。他们没有自己的信念，也没有自己的目标，一直随风摇摆，被别人的言语所左右，别人的建议只要看起来不错，就会不加思考马上采纳实施，一旦有人说他们没信念没理想，就又马上陷入低潮，垂头丧气。他们会经常看一些介绍职场经验的书，虽然书中内容与自己的工作关系不大；也会经常参加一些讲座，学习新知识；或者出席一些聚会，结识一些对自己没什么帮助的人。表面上看来他们积极进取，但实际上都是毫无目的的无用功。这和我之前提到的自我剖析完全不同，他们对自己的认识并不是基于“我是一个什么样的人”“我对什么感兴趣”这样的问题，而是被别人的评价所左右。不要说自我剖析了，他们可能已经逐渐地丧失了自我，只活在别人的评价中。

能对自己作评价的只有自己

其实前面说到的“追求工作与生活的平衡”，也是一种在意别人看法和评价的表现，如果你自己觉得平衡不平衡无所谓，那么就没必要追求所谓的平衡。想成功首先要对自己有正确的认识，其次对任何事情都要有自己的观点和判断。有些人听过成功人士的经验后，不加思考就马上照搬，以别人的方式去追求自己的工作与生活的平衡。然而，这样却使他活在别人的生活轨迹上，完全丢失了自我。这种人有一个共同特点：喜欢寻找正确答案。也许是受多年学生生活的影响，他们做什么事情都希望找到一个正确答案，然后按照答案去行动。工作中也是一样，看到成功人士的经验就会毫不怀疑拿来就用，完全不考虑方法是否适合自己，没有自己的主见和判断，这种人被我称为“墙头草”。

而那些有主见、能够正确作出判断和选择的人听到“追求工作与生活的平衡”时，首先就会认真去想：“对于我来说，什么样的状态才算是达到了平衡？这种状态可以在短期内达到吗？”与“墙头草”的一腔热血相反，这些人喜欢三思而后行。其实这才是正确的方法，只有想明白了，才能更快地达到目标、活出自我。

最近流行一个词“人生赢家”，如果“墙头草”听到这个词，肯定不会先自己思考，而是先去问别人“什么样才算是人生赢家”，然后再努力成为别人口中的人生赢家。实际上最能公正客观地评价自己的人只有自己。一味地听从别人的意见、达到别人的标准、在意别人的评价是十分愚蠢的。我在初创公司就职的时候，尽管没有高工资、公司没有名气、工作也不光鲜亮丽，但我从未因此觉得自己是个失败者。

要记住，不要在意别人对你的评价，而要在意你是不是在朝着目标努力前进、有没有通过工作有所成长以及你对自己的评价。

怎样才能不做“墙头草”？

那么，怎样才能不做“墙头草”呢？谨记一点：拥有属于自己的目标，全面提升自己，然后努力实现目标。无论是工作还是学习，都要不断地锻炼自己的各种能力，不要去在意别人的看法和评价。不要妄图通过看一本名人自传或者听一次成功经验讲座就让自己有所改变，就算有人说的确通过这些改变了自己，那要么是他因为这个开始努力才改变了自己，要么就是他的错觉。墙头草随着风的吹动不断地变换着摇摆的方向，永远不知道摆到哪一边才是自己想要的，一个人如果被世俗和别人的看法所左右，摇摆不定，那么他就会逐渐失去自我，就像漏了气的气球一样，终会瘪掉坠落。最了解自己的人永远是自己，所以不要因为旁人的话语而困惑，人生的考场中没有人会事先告诉你正确答案，自己的人生要由自己做主。

把完成目标变成一种习惯

很多人觉得自己生来就是一个普通人，没有什么与生俱来的过人才能，所以没成功也是理所当然的。这是一种错误的自我判断。其实，这世界上本来就没有什么事是需要天赋才能搞定的。就算有，天赋的意义也微乎其微，起决定性作用的是你的意志力和努力程度。

还有人觉得自己从来没能努力做成某一件事，似乎生来就不具备努力这项天赋。这也是一种错误的自我判断。只要有值得努力的目标，人人都能尽最大努力完成它，与天赋无关。如果找到了值得努力的目标，发现了能够施展才能的环境，只要做好准备，全力以赴，没有什么是做不成的，战胜所谓有天赋的人也并非难事。

把完成目标变成一种习惯

by Sue

根本差别不在于天赋，而在于所处环境

在我看来，每个新生命降临到这个世界上的时候，他的未来都充满了无限可能，没有什么天赋异禀，所谓的天赋根本不是与生俱来的，而是某一特定环境下的产物。有天赋的人并不是生来就强于别人，而是刚好遇到了可以让自己的才能得到充分发挥的环境。所以，成功与否与周围的环境息息相关，比如出生的家庭、就读的学校、就职的公司等等。一旦进入了错误的环境，本来充满可能的未来也可能会变成穷途末路，这不仅是这个人本身的损失，也是急需人才的社会的一大损失。

如果你正身处一个错误的环境中，不要害怕，虽然过去已经无法改变，但未来却完全在你的掌控中。只要你从现在开始努力，总有一天你的坚持和才能会开花结果，你也会改变现状，找到一个适合自己发展的环境。记住，能让你从一个普通人华丽变身的并不是所谓的天赋，而是你可以通过努力而改变的环境。当然，你也必须清楚，相较于那些从小就在一个好的环境成长起来的人，你要付出成倍

的努力才可能取得成功。就像人家用了二十几年成长为今天的样子，你怎么才能在五年内赶超他们呢？只有付出几倍、十几倍甚至几十倍的努力才有可能。也许你们之间的差距很大，看起来成功很遥远，但要相信有志者事竟成，只要你肯努力，一定能成功。所以从今天起，不要再抱怨自己没有出生在名门望族了，也不要再说什么有钱人家的孩子更容易成功了，马上行动起来，脚踏实地，坚持努力，你一定会比那些人更成功。

为什么名校出身的人更容易成功？

我并不否认家庭环境和学校好坏会影响一个人的未来。比如如果家庭经济条件较好的话，家长就会给孩子请辅导老师或者送他们去上补习班，这样孩子考入名校的概率就大很多。但是，这并不代表考入名校的学生就比其他人更有天赋。我现在的同事中有很多人都是毕业于著名高校，但是我并没有发现他们身上有什么异于常人的天赋。所以，你没必要过于关注他们的出身，然后因为自己学校不好而感到自卑，你应该关注的是他们异于常人的优秀品质。在我看来，名校出身的人身上都具备一种共同特质——将完成一个又一个目标变为自己的习惯。

为什么他们会有这样一种特质？首先，能进入名校的学生都是在高考这场战争中取得胜利的佼佼者，而名校便是这些佼佼者的聚集地，这些佼佼者中的大部分在高考之前的学习过程中都习惯给自己设立一个又一个的小目标，逐个完成，这样一步步最终完成考取名校的大目标。进入名校后，大部分人仍然保持这个习惯，于是在这样的环境中，受周围人的熏陶，越来越多的人会将完成目标变成自己的习惯。所以我们看到，名校出身的人普遍都会有设立目标并完成目标的习惯。

这种坚持完成目标的习惯是取得成功的决定性因素。大部分的人生赢家做任何事情都能坚持到最后，而大部分的失败者常常半途而废。追寻成功的路上不会一帆风顺，遇到困难时，逃避是最简单的方法，但如果你一次次地逃避，就越来越难鼓起勇气面对困难，也越来越习惯选择逃避，最终你可能会彻底放弃，甘愿做一个失败者。虽然道理非常简单，但这却是决定人生成败的真理。

如果将完成目标变为一种习惯，那么逐渐地你也会习惯勇于面对困难、习惯坚持不懈努力、习惯取得一次又一次的成功。当这一切都习以为常后，你会发现，对你来说，努力和成功都变成了理所当然的事，你已然成为生活中的强者。

要有持续的热情和冷静的头脑

前文中我说过，我不相信有什么天赋，如果一定要说有，那么我相信，现在正在看书的你一定有可以华丽变身的天赋。因为你选择了这本书，就说明你已经发觉这样下去不行，必须要改变自己。能有这种想法就足够了。有没有这种想法很重要，很多人会觉得“我已经××岁了，还改变什么呀，华丽变身什么的对我来说已经没有意义了”。其实，这种想法才是最没有意义的。

人无法回到过去改变曾经，如果对自己的现状不满，那就从现在开始行动，改变自己，不要再犹豫了，改变要趁早，你现在的每一天都是你余下人生中最年轻的一天。现在开始行动到底晚不晚不是听别人的评价，而完全是靠自己的判断，只要自己觉得不晚就不算晚。决定是否开始行动就是一场自己与自己的战争，与别人无关，任何人的任何评价都不要去在意，当做过眼云烟，直接忽略就好。如果周围的人一直在对你说“现在开始改变已经来不及了，还是放弃吧”，不要理会，你只管努力去做，最后用事实强有力地反驳。在与自己的战争中，你一定能够获胜。

有很多人对自己的现状很不满，想要改变，却又迟迟不付诸行动，这就像在淘汰赛中不战而败或者上台演出前临阵脱逃。我已经说过很多次了，如果想要改变自己，就不要等待，不要妄图寻找开始改变的好时机，根本就没有什么好时机，你想到要改变自己的那一瞬间，就是开始行动的最好时机。

努力的时候需要喝碗“心灵鸡汤”

简单总结，在这一章中，我要讲的基本就是“不要犹豫，马上行动。功夫不负有心人，只要努力就一定会成功”。看到这儿，也许你会觉得我讲的都是些陈词滥调和人人都懂的道理，无非是些心灵鸡汤，根本就没有实实在在的成功法则。但是，不要小瞧心灵鸡汤，这是取得成功的基础。特别是对没有考入好大学、没有找到好工作、输在人生转折点上的人来说，心灵鸡汤是成功路上的必备品。

如果哪本成功学的书上写“成功根本不需要心灵鸡汤，需要的只是方法”，那么相信我，他一定是在撒谎。只需要稍微想想就知道，能说出这种话的一定是那些有钱人家的大少爷，全然忘记父母在自己的教育上投入了多少，错以为成功全靠自己的天赋。要有自己的思考、自己的判断，切勿盲目相信别人的话。就算你知道某某人的“绝世成功秘诀”，最后能不能取得成功还是要靠你自己，如果你既没有破釜沉舟的决心也没有坚持不懈的毅力，那就是纸上谈兵，毫无意义，就像没加油的汽车，根本无法起动。

不能盲目努力，要找到正确的努力方向

当然，仅有决心和毅力也不够，找到努力的方

向也很重要。空有一腔热血和昂扬斗志，却看不到周围的环境和变化，是不管怎么努力都不会成功的，只会白白浪费了精力。

除了持久的热情，能够纵观全局、冷静思考的头脑也很重要。特别是当你已经处于落后状态想要改变自己时，更要冷静地观察自己现在的状况。对于已经就职的人，既然已经走上了工作岗位，那你就与同龄人比较一下，看看自己与优秀的人之间的差距有多大，如果想要迎头赶上需要在哪方面努力(恐怕是各个方面)，此时你必须做一个旁观者来冷静客观地分析自己。

冷静分析的第一步就是发现自己已经落后于别人，但是千万不要给自己一个错误的定位，误以为自己与一流的精英在同一个层次上。要有危机感，也要清楚地知道自己已经被他们落下很远了，再用与他们同样的方法是肯定不会成功的。

特别是已经步入职场的人，一旦决定要开始行动，就相当于一场“销售战”已经打响。为了在这场战争中胜出、成功地将自己“卖出”，冷静谦虚是不可或缺的条件。

另外，还要注意，不能过于在意自己与精英们的差距，不要被这种差距所束缚。这可能与我上文中提到的观点有些矛盾，但你要清楚，一旦开始行动，你就已经开始改变，而用来作比较的是现在的你，是改变之前的你。所以，在改变自我的过程中，不要过分注重差距，也不要在意旁人对你的评价，而要经常与过去的自己比，要用新的价值观评价自己，要用未来的眼光审视自己。

发现自己与精英的差距，以差距为动力，冷静客观地自我分析，寻找正确的方向，长久地保持热情，坚持不懈地努力，这就是我以为的成功方法。遇到逆境不可怕，找到正确的方法就一定能走出去。

下一章中我将告诉你如何让跃跃欲试的自己踏出第一步——找到正确的努力方向。

第二章　华丽变身的指南针

——到底该怎么努力?

在这一章，我会为你解答如下问题：

- 觉得现在的工作特别无聊，怎么办?
- 我总是三分钟热血，怎么办?
- 不知道该怎样努力，怎么办?
- 害怕工作中的失败，怎么办?
- 工作后不知道该如何给自己定位，怎么办?

在这个瞬息万变的世界中战斗，你需要做头脑风暴

在上一章中，我讲了如何弄明白自己到底想成为什么样的人，而且强调一旦确立了目标，就要朝着目标勇敢前进。确立目标、确定努力的大方向的确非常重要，说它最重要也不为过，但是，对于这条通向成功的努力之路的规划却不能过于具体。比如说，你给自己定下了目标：我要在×年后在××公司做到××职位，之后再……这种连就职公司都提前设计好的路实际上是走不通的。因为人生充满

了变数，在努力的过程中，你一定会遇到无论多么努力都无法解决的问题。遇到这种问题，就没必要费心费力努力解决了，既浪费时间又浪费精力。

扩大自己的选择范围

没有人知道能够让你有突破性进展的机会会在何时何地以何种方式出现，所以与其纠结如何解决本就无法解决的问题，不如清楚地认识到未来的事情我们无法预知，然后为自己的努力之路多增加些选择。

拿我自己的例子来具体说明。不论是过去还是现在，我的目标都是：成为一名能够不依靠任何团体、只依靠一己之力活跃在职场上的人，活出自我，活出快乐。我希望我能将自己各方面的能力发挥到极限。因此，我在规划自己的职业道路时总会先考虑："我去什么地方才能使我个人得到最大程度的成长呢?"在第一次跳槽的时候，我并不考虑是不是跨行业，我只在乎是否能应用的我的英语和数学（财务会计）特长。基于这个标准，我发现了后来成功上市的MCJ公司。当时我搜寻了很多MCJ公司的资料，知道这家公司的主要业务比较简单，而且很有前途。由于在大学期间我比较注重培养自己的计算机应用能力，所以对于公司的相关产品我也比较感兴趣。最重要的是，与当时就职的公司相比，我觉得在 MCJ 的工作更有利于自己的成长。于是我就跟 MCJ 公司联系，问对方“你们那里是不是缺人手”，没想到后来直接见到了他们的经理，并且成功进入了这家公司（关于跳槽的过程，之后我会具体介绍）。我这样不限定行业来选择的 MCJ 公司后来成功上市，这一过程为我提供了一个非常宝贵的学习和成长的机会。试想，如果我当时执着于不改变行业，那么我可能就会错失这个极好的机会。之前的公司虽然比这个公司名气大，办公室条件也不错，员工们也很优秀，但是这些对我来说都不重要。

根据自己的目标来选择自己的“战场”

确立了努力的大方向后，具体方法的选择越多越好，不要毫无根据地为自己划定各种限制。大方向不能改变，但是作为具体实现目标的手段，在考虑时还是灵活些比较好。而在作选择的时候，一定要以能否实现自己的目标以及能否让自己有所收获、有所成长为标准。不要在意“哪一个更有利可图”“现在热门的工作是什么”或者“我周围的人是怎么想的”，只有“墙头草”才会以这些为选择标准。属于自己的那个目标，就像航船的指南针，要时不时拿出来看一看，检查自己是否航行在正确的方向上。

为什么机会一定会降临到你头上？

机会不是你需要的时候就马上出现。不是你想跳槽的时候刚好就有让你成功跳槽的机会降临到你头上。所以，不要给自己制订一个过于详细的计划，因为你无法确保当你需要机会的时候它就一定会来。很多人会给自己制订详细的“十年计划”，但实际上大部分人很难坚持执行，最终都不了了之。世界是瞬息万变的，你所处的环境也在不断变化，人生中也充满了“可改变因素”和“不可改变因素”，因此具体的长期规划其实毫无意义，我从不相信那些精英所谓的“中长期职业规划”真的可以按计划一步步完成。

在努力的过程中，要做好拼尽全力奋斗的心理准备，但也要知道有些事情不是努力就可以改变的。当然，即便如此，也不能把所有失败都归咎于周围的环境和不可改变因素，不要为自己的失败找借口。不分析自己的原因，永远都得不到成长，也永远不能靠自己的能力生存、活出自我。

如果你所处行业的大环境不怎么景气，而你又无法改变整个环境，那么就努力去改变自己能改变的部分。大环境景气的时候不代表身处这一环境中的每个人都很努力；同样，大环境疲软的时候也并不能说明其中的每个人都不努力。人与人之间的差距就是努力与否或者努力程度不同而造成的。因此，不管环境如何，只要你坚持努力，就一定能看到改变。

越努力，越幸运。如果你坚持努力，你会渐渐发现发生在你身上的事也逐渐有了变化，自己似乎越来越幸运了，其实这就是机会在慢慢向你靠近。

为迎接机会而做的准备——什么才是真正的努力？

我们常说："机会总是留给有准备的人。"在我看来，这句话应该这样理解：机会对于每一个人都是均等的，但当机会来到身边时，只有努力的人才能发现并紧紧抓牢。

比如说大学毕业后我选择进入初创公司（当时正值互联网泡沫破裂时期），在其他人看来这是一个非常"危险"的选择，但我却从未有过不安。我在大学期间拼命努力学习英语和数学（主要是财会方面），特别是英语，当时我的水平可以说已经高于在国外长大的同龄人。我相信，如果这家公司倒闭了，凭我的能力，我也能快速找到下一家。实际上，也正是由于把选择目标定为初创公司，我才顺利地找到了第一份工作。

什么才是真正的努力？真正的努力应该是为迎接机会到来而做的准备。所以，努力不能毫无方向，盲目地努力是在做无用功。为了能抓住随时到来的机会，首先要确立自己的目标、找到努力的方向，有了明确方向后再努力，才能不错过任何一次机会。

因为有在财务主管部门工作的经历，我来到现在的这家公司（经营共创基盘）后，被委派到一家在东京证券交易所部分上市的公司中工作两年，担任财务主管部门的执行委员，主要负责协助公司进行商业模式创新的相关工作。正是因为我很早就确定了自己的目标，并朝着那个方向不懈努力，才能紧紧抓住这次机会。

坚持努力会改变视角、拓宽视野

努力的人与不努力的人虽然生活在同一个世界，但是对这个世界的认识和对事物的看法却不尽相同。能否抓住机会取决于你的生活方式。工作中发生任何事情，都要把它当做提升自己的好机会，只有随时准备、蓄势待发，才不会错失良机。

很多人过分依赖公司，把公司当做一生的容身之处，认为找到工作后就一定会在这里工作到老。正是这种想法导致他们中的大多数人不努力、不上进、不改变，最后一事无成。

而那些重视个人发展并且能够意识到自身问题的人却总是能发现其他人看不到的机会。因为他们从来不关注诸如“这项工作是否热门”“一些权威人士和社会大众对此的普遍看法是什么”等表面现象；相反，他们习惯于通过自己判断“这项工作究竟是做什么”来发掘事物的本质。一旦习惯于用自己的视角来分析判断事物，那么你的洞察力就会越来越敏锐，你也会比其他人更快地察觉到机会已降临。

正因为如此，世界上是否到处都是机会完全取决于你，如果你认为“我今后的二十年就都在这个公司里干吧”，那么在这个想法冒出的那一瞬间，所有的机会就都已离你远去。但如果你决心“从现在开始我要改变自己”，那么从这一瞬间开始，机会就会不断地降临到你身上。

把所谓的“人生成功手册”扔掉！

想知道如何才能真正地走向成功么？告诉你，想成功，最正确的选择就是要走与大家相反方向的路。特别是对于那些接下来想通过自己的努力而实现逆袭的挑战者们来说，更是如此。

在找工作之前，我也参加过几次就业指导课，但我参加的目的却与大多数人不同：一是想通过专业人士了解一下当下的就业形势；二是想了解什么才是目前大家认为的“最正确的选择”，以便我可以朝与它相反的方向走。

当时我的志愿是进入初创公司，刚好是互联网泡沫破裂之后，大批泡沫时期入职初创公司的MBA和名牌大学毕业生开始想方设法逃离这个圈子的时候。每当我把自己的想法告诉就业指导专家时，他们总会给我建议（真的能叫做建议吗？）：“你根本没有认清现实，不顺应时代的潮流是会被社会淘汰的，你想凭一己之力改变社会也是不可能的。”在我的记忆中，他们的说辞大同小异，就好像世界上有一本全人类都通用的《人生成功手册》，一旦脱离它，就一定会走向失败。

确实，我们不能凭一己之力改变整个世界，但是我们却完全可以改变自己。

不要被现阶段“最正确的选择”所蒙蔽

参加就业指导课时，就业指导专家们一定会问这样一个问题：“十年后，你想成为什么样的人?”而当时听完我的回答后，他们非常不解，说：“互联网泡沫已经破裂了，你怎么对现实没有清楚的认识和判断呢？怎么还会有这么幼稚的想法?”对于他们的质疑，我反驳道：“前几年互联网蓬勃发展的时候，你会给求职者什么建议？你对他们选择初创公司又作出了什么评价?”而且每当我反问他们：“你们有真正在初创公司工作过的经历吗?”他们都会理屈词穷、哑口无言。

他们和大多数人一样，不过是随波逐流罢了。虽然嘴上说着“想想十年后的自己”，实际上也不过就是关注一些表面现象，作出符合现阶段潮流的“最正确的选择”。

我参加就业指导时，也咨询过非常有名的人力资源公司，但是他们给我的答案也并无新意，与不谙世事、一心想挤入大公司的学生们没什么两样。

通过这次体验，我更加确信，如果我周围的对手都是这样随波逐流、没有自己判断的人，那么即便我没有学历优势，依然可以战胜他们。

很多考入名校的学生有着令人羡慕的学历和学校，但一直以来都是人云亦云，毫不怀疑地跟随社会的主流思想，相信“不上好大学就找不到好工作”，正因为如此，他们常常把考入一流大学作为自始至终的追求。但是一旦离开校园，走入现实社会后，你就会知道职场中的战争其实就是每个个体之间的竞争，与出身、学校无关。只要足够努力，肯下功夫，很可能你会发现，在这个个体与个体一对一的竞争中，那些靠父母的能力进入名校的人根本就不是你的对手。

在社会环境和经济状况变幻不定的今天，更是如此。

大多数人所认同的“最正确的选择”往往有一个共同点：不仅在当时看来是正确的选择，而且似乎永远都是正确的选择。但是，现实中根本不存在永远正确的选择。即便有，在坚持自己选择的情况下也会随着环境的变化而稍作改变。总之，真正的“最正确的选择”应该是在自己所处的不断变化的环境中自己发现的，而不是通过道听途说、人云亦云找到的。

物以稀为贵，人亦以稀为贵

如果世界上的绝大多数人都觉得向东才是正确的方向，那么你反其道而行之，就一定是最正确的选择。这并不是特立独行的叛逆，而是真正能通往成功的路途。

正所谓“物以稀为贵”，判断一个事物是否有价值的根本就在于看它是否是稀缺的。人亦是如此，当你决定做与大多数人相同的工作时，你的价值就已经开始下跌。比如考取某一类含金量较高的资格证书最近成为一种潮流，于是你拼了命地努力，终于考取后却发现拥有这个证书的人比比皆是，以至于你根本无法靠它来谋生，吃苦受累最终却是竹篮打水一场空，这种让人哭笑不得的情况极有可能发生。

所以，你应该朝着与大家相反的方向走，这个方向不仅门槛低，而且路上的竞争一定小于大家都走的那条路。在这种情况下，只要你足够努力，一定能在短时间内看到努力的回报。因此，如果你拥有属于自己的目标，那么在最短时间内实现它的方法自然就是走与大多数人方向相反的路。作出这个选择之后，就看是否有敢于逆潮流、逆时代的勇气了。

我再次强调，如果你的水平并没有达到普通大众的平均水平，那么你就应该考虑选择与所谓的"王道"或大多数人认为的"最正确的选择"相反的路线。"知己知彼，百战不殆"，想要走好这条路，首先要知道大多数人会选择的那个方向是什么。

比如当时我找工作的时候，就通过咨询比较有名的人力资源公司或者询问同去参加就业指导的学生，尽可能地去了解"高学历的学生们是如何找工作的（找工作的渠道、展现自我的方法等）""他们希望去什么样的公司工作""他们有什么优势又有什么劣势"等问题。

在掌握了这些基本情况之后，你就可以判断：如果可以从正面突破，那么你就选择和大多数人相同的路；如果完全不是他们的对手，那么你就要考虑短期内实行"游击战"，采用迂回的战术（比如先在初创公司工作，学习知识，积累经验）。通过一些职位去亲身体验公司是如何运行的，不断接近并掌握一个职业的核心内容。但切记，这个过程一定要控制在短期或者中期，切勿发展成长期，因为一旦发展成长期工作，你就很可能会成为一名“微不足道的小职员”，离“逆袭之路”越来越远，所以千万要注意控制好时间。

为什么说领导的建议毫无帮助？

与上一部分提到的“反其道而行之”相似，“不盲目采用他人建议”也是实现自己目标的必要做法。

特别是那些喜欢随便给人提建议的大叔们，对于他们的建议，听听就好，不要采纳。在我看来，这些大叔不管是在家还是在单位都无所事事，实在太清闲，所以才会喜欢给别人提各种各样的建议。他们总是喜欢把自己的成功经验介绍给年轻人，丝毫不考虑是否适合对方；更有甚者，自己也不知道自己的这一建议是否行得通，就信誓旦旦地告诉别人。

我经常遇到这种大叔，对我说："你要多看看《日经新闻》上的《我的简历》栏目。"每次听到这句话，我都在心里默默说："看了之后就是你这样的水平吗？"还有的大叔会特别肯定地说："成功企业家的话都具有指导意义。"遇到这样的人，我总是想："你自己都没有把企业家的话付诸行动，有什么说服力可言？"

还有一种大叔，他们会经常把"我年轻的时候也受过不少苦，你现在还年轻，吃点苦没什么，多努力，多干活"这样的话挂在嘴上。对于这种大叔，你也要敬而远之。仔细想想，他这句话的意思其实是：我已经到年纪了，不需要再努力了，我已经退出职场这一竞技场了。既然已经退出了比赛，那么他肯定不会提出如何改变现状的好建议。

别人的建议为何不能助你一臂之力？

为什么我说别人的建议毫无帮助呢？

因为提建议的人所处的环境和所生活的时代与

你的不尽相同。

有些人运气很好，遇到了好时代、好团队，天时地利人和，于是工作进行得顺风顺水，但实际上他们只是时代的宠儿，并不是自己的能力有多强。很多大叔就是这样的人，生在好时代，误以为工作上的成果都是靠自己的拼搏和能力得来的。你会经常听到这样的大叔炫耀自己曾经的业绩："当年我签的那份大单子呀……"但仔细询问后，你就会发现，他们的业绩大多数都是处在泡沫经济时期，社会经济畸形繁荣发展，他们只是站在时代的浪潮中而已，与他们自身的能力基本无关。所以，他们的建议对我们毫无帮助。

这一点同样适用于某些年轻人，他们可能歪打正着进入了一家势头强劲、发展态势良好的公司，乘着公司发展的势头做成了很多工作，误以为取得的成果全凭一己之力。这样的人和你本就不在一个公司，你们的工作环境和生活经历都是不同的，所以他们的建议对你来说也应该是毫无帮助。当他们自信满满地高谈阔论时，听听就好，不要太认真，认真你就输定了。

没有放之四海而皆准的“最正确的选择”，选择是否正确因人而异，但不管是什么，你人生中最正确的选择一定是你在与周围环境抗争的过程中找到的。所以，不管经历什么样的困难，你都要坚持到底，找到属于你自己的“最正确的选择”。这才是一个想要活出自我的人应该有的生活态度。

那么，既然选择要自己寻找，我认为根本不需要所谓的榜样。在这个日新月异的时代，如果你把一个与你的生活环境、自身条件都完全不同的人当做榜样来学习，根本就是在浪费时间，毫无意义，而且最终你也肯定不会得到你想要的结果。

什么样的建议才值得采纳?

有些人因为过于崇拜某人，甚至在为自己作决定时都要以那个人的标准为标准，遇到问题时也一定会想：“如果是我心目中的大神××的话，会怎么想呢?”

对于这些人，首先，我要告诉他们的就是：不管你如何模仿心目中的大神，你都无法超越他。

这一点对于梦想成为职场精英的人也同样适用。

由于周围的环境不同，盲目模仿只会陷入困境，导致未来一片渺茫。

当然，也并不是所有的建议都不值得采纳。但是，不能盲目采纳，听到建议时，一定要想想：“这个建议对我来说到底意味着什么？有什么意义？”特别是要仔细考虑一下：“提建议的人到底是谁？他身处什么环境？”看看对方所处的环境与自己的究竟有多少相同的地方，只有对方所处的环境和情况与自己的相同时，他的建议才有用。

要主动出击，而不是被动等待

不管在什么样的单位，你都会听到有人抱怨：“工作好无聊啊！”究竟是什么原因让这些人觉得工作无聊呢？就是他们的生活态度——被动。

被动的生活态度会让你周围所有的事情变得暗淡无光。

比如，工作时自己从来不思考，总是别人怎么说你就怎么做，上司怎么吩咐你就怎么照做，这样一直以一种被动的态度工作，会使你觉得你所做的工作与你自身的关系越来越模糊，最后导致你对工作漠不关心、毫无兴趣。

生活态度比较被动的人还有一个共同点：自己没有想做的事，无论什么工作，都是别人吩咐才去做。之前说到的“墙头草”也是这样的人，他们没有自己的想法，也不自己作判断，做任何事情都以所谓的“权威”或者“专家”定的标准为基准。

的确，与这个世界上的大多数人想法一致会让人有一种安全感。但是，拥有这份安全感的同时，你的存在感一定会降低。因为如果你和大家都一样，毫无特别之处，那么你现在所做的工作换别人来做也未尝不可。

在职场中，我们还会经常遇到这样一种人：明明是“多数派”，与大多数人的想法都相同，却张口闭口强调自己很有个性、与众不同；或者上学的时候为了彰显个性，总是穿奇装异服，表现得特立独行，但一走入社会就马上变得和大多数人一样普普通通，毫无特别之处。

其实，真正的“有个性”并不是穿着打扮与众不同，而是要有自己的生活态度，有自己的志向。这样，你的生活才会积极向上，你的人生才会丰富多彩。我相信那些失去自我的“墙头草”的脸上一定每天都写着“工作好无聊啊，人生好没劲啊”。所以，不要再抱怨工作无聊了，让工作变得无聊的就是你自己，况且工作中再无聊的事情都没有你毫无自我的人生无聊。同一性和统一性是过去那个泡沫经济时代中公司职员们的普遍追求，而成功人士需要迈出的第一步，就是要成为真正“有个性”的人。

是自己主动去承担任务，还是等待任务分配到你身上？

在职场上，敢于毛遂自荐的人一定是有“完成目标”意识的人。他们时刻都铭记工作要以自我成长为中心，选择主动承担任务时也一定确信“这份工作刚好能锻炼我相关方面的能力”。所以，对于他们来说，工作本身就是乐趣所在。不光是选择具体工作，在选择职业时也是同样，要主动出击，而不是被动等待。

by Sue

在我看来，易受周围环境影响而随波逐流，总是被动等待任务分配到自己身上的人是最可怜的人。他们总是辛苦地工作着，却丝毫感受不到成长和快乐。而无视周围的负能量且有“完成目标”意识的人，会主动选择适合自己的工作去做，即便忙碌，也能获得一种精神上的满足感。

所以，同样一件苦差事，是选择自己主动承担，还是选择被动等待分配，所带来的结果和意义是完全不同的。

既然任务一定要做，与其被动等待，不如主动出击。这是追求个人成功过程中最基本的一点。

敢于选择战场

我在第二家公司 MCJ 工作时，曾主动提出负责公司上市的准备工作。一般在旁人看来，这项工作就像一场攻坚战，很难完成，可是当时我想的是：“从来没有听说过有哪个二十三四岁的人成功帮助一家公司上市，如果我完成了这个任务，那一定会被传为佳话，所以为了自己的未来，这份工作我一定要做。”

最终我完成了这项任务，帮助公司成功上市。公司上市两个月后，我由于过度疲劳吐血而住院。但即便如此，我却从未后悔接下这项任务。它让我感到特别充实，特别有成就感，也让我明白，一件事情成功还是失败，最重要的决定因素就是自己。

在公司准备上市的那些日子里，每天我都能感受到自己的成长。当然，也能感受到公司日益强盛。这种公司成长中伴随着个人成长的成就感和喜悦感可能是只有在初创公司才能体会到的乐趣。

MCJ 上市之前，我的工资少得可怜，可能比现在正在看这本书的你还要少很多。当时，“年收入达300 万日元”成为街头巷尾热议的话题，那是一个大多数人认为有钱就是帅哥的时代。那时我和我女朋友（现在的妻子）就挤在四十几平方米的小房子里，而且她的收入要比我多很多。

但我根本就没有在意这些，我当时只想着“在一流企业就职的同龄人未必会有我现在这样的机会，我现在做的事要比他们的工作牛得多”，心里充满自豪感。在工作中，我也丝毫没有感觉到压力，觉得“既然要到达目的地，就一定要翻山越岭，我只能前行，别无选择”，从未想过会不会失败。拿着微薄的工资在初创公司里工作，这在整个社会应该算是最底层的了吧，所以即便是失败了，也不会跌到更低一层；既没学历，又没背景，也没有值得炫耀的业绩，所以不怕失去，因为本来就一无所有。也许正是这样，没有退路，别无选择，才会让我变得如此强大。

遭遇最凄惨的境遇，才能激起最强有力的反击。如果在追求成功的路途中必须要经历战争，那么就选择那个战况最惨烈、任务最艰巨的战场吧！从那里走出来后，你一定会受益匪浅，成功路上你又向前迈进了一大步！

如何让自己的内心强大起来？

——给自己加油打气，让自己更有动力

在这本书里，我会反复强调“成功需要坚持不懈的努力”，因为事实的确如此。

但是，我们都是普通人，所以无论是谁，内心总有泛起波澜的时候，偶尔也会有没有动力的时候。因此，接下来我将告诉你如何使自己的内心强大起来，持久地保持动力。

不管别人怎么样，你一定要支持自己

首先，做成一件事最基本的要素就是：你自己要支持自己。

有的人喜欢支持一些运动员，尽管他们与自己毫无关系。足球运动员也好，棒球运动员也好，或者其他项目的运动员也好，或许通过支持他们，为他们加油助威，能让自己的身心得到放松。但是，不管你多么支持他，你人生中的问题不会随之消失，问题还是问题，不会因为你支持的运动员取得成功而解决。有人牺牲掉睡觉的时间看比赛直播或者去现场高喊助威，甚至有人特地跑到国外去为喜欢的运动员加油。为什么你不把这些时间和精力用在为自己加油打气上呢？如果你能把精力都用在自己的学习成长上，很多问题都会迎刃而解。不用担心，就算没了你的支持，那些运动员也不会放弃的，因为他们都是懂得如何成就自我的行家，他们就是在自己选择的路上名利双收的成功者。

还有的人喜欢对那些运动员说：“你一定能行！”为什么这样的话不对自己说呢？你应该不断地告诉自己：“我一定能做到！”

不能把自己当成人生的配角，首先自己要支持自己，对于还没有任何成绩的人更是如此。记住，只有自己才是自己人生的主角。

把你的目标透露给周围的人

让周围的人知道自己的目标也不失为一种保持动力的良策。把短期的目标一点一点地透露给周围的人，特别是亲近的人。每个人都有自尊心，当你把自己的目标对别人说了之后，为了保持自尊心，你会不好意思不去执行。这样利用羞耻心来切断退路，完成目标就成了自然而然的事情。

反过来说，做不到的事情就不要说出口，一诺千金。如果说出口了最后没有成功，慢慢地就会逐渐平静地接受自己的失败，甚至形成习惯失败的心理。

我一定
能做到！
by Sue

我一直以来都是言必信，行必果。进入初创公司，积累了宝贵的经验，取得喜人的成绩→通过读MBA将自己积累的知识和经验形成体系→进入一个完全不同的环境中“再现”自己成功的过程。这就是我努力的大方向。大学时期我就跟朋友说过这个努力方向，如今我也是朝着这个方向一步一步走过来的。

在上一章中我曾写到，你必须要有冷静的头脑来判断某件事情是否能够取得成功。但是，能否成功最大的因素还是你自己的努力程度。如果你能竭尽全力，那么成功的胜算就非常大。当你对某件事情作出可能成功的判断时，马上把你的想法和目标向周围的人宣告，这样不论多么困难，你都一定能成功。

掌握了这种正确的成功途径，就有了完成目标的强大推动力。

尽情地幻想

幻想很重要。

幻想是成功动力的源泉，所以尽情地幻想成功后的自己、梦想中的自己吧！

上学的时候，我曾在港区的一个高档住宅区的披萨店打工，负责送餐上门。这里离我家非常远，之所以会选择那份工作，是因为我送餐的时候能跟那些有钱人说上话、看看他们家里是什么样子。这份工作经历对我的幻想有着极大的帮助，那个时候我经常幻想自己成功之后的样子，当然，也有了源源不断的动力。

有些人喜欢把自己的梦想写下来，放到自己经常能看到的地方，以此来激励自己。可是我认为，激励自己最好的办法就是去现实的场景中感受。在现实场景中尽情想象身在其中的成功后的你，让那种感觉渗透到身体的每一个角落，然后反复在心中回味，不断激励自己努力。不要在意你的现状，现在的你什么样都没关系，或许你的现状越差，越有可能实现戏剧性的逆袭。

还有一点，在幻想的同时，也要想象在世界的某一个角落，一定有一位你的竞争对手。我在工作最辛苦的时候，也曾因为白天过于劳累晚上早早地就躺下了。可是躺在床上我就会想：“在我休息的时候，一定有人还在工作或者学习，我们之间的差距就是这样拉开的。”一想到这儿，我就会马上爬起来，告诉自己不能松懈，然后继续学习。此时我心里只有一种想法：“从上学开始，我就一直失败，现在走向工作岗位了，我绝对不能再失败了！”

也许像我这种程度的努力会让身体吃不消，但是，我能有今天的成功，都是因为曾经那样努力过。所以，在这个过程中，即便是生病，在我看来也一定是幸福的病痛。

善于利用自己的长处，做事情要精益求精

在工作中，要尽可能将时间和精力都集中在一件事情上。这是最短时间内完成目标的不二法则。特别是近来，对职场人所掌握技能种类的要求越来越广泛。在这种情况下，你需要时刻提醒自己“不做与实现自己目标无关的事”，要有敢于舍弃的勇气。尤其是在跳槽的时候，如果你是“任何职务都

差不多能做”的人，那么对于面试官来说，你身上毫无吸引力。

想要活出自我，实现自己的人生理想，就要敢于舍弃所有不需要的东西，同时尽可能地发挥能发挥的长处。

努力的确重要，但是也要知道，并不是所有的事情都值得你去努力。有些事情要努力去做，有些事情要勇于放弃。想在有限的时间里取得一定成绩，做到这一点是非常必要的。

以后再去克服自己不擅长的地方也无妨

那么，什么样的事情要努力去做，什么样的事情要舍得放弃呢？

原则就是：自己擅长的工作就竭尽全力去做，自己不擅长的工作就尽可能别去浪费精力。

在你不擅长的事情上，你想发挥自己的长处也无法发挥。既然如此，不如集中精力去提升自己擅长的技能，做喜欢的工作、不需要费尽心思也能完成的工作，努力把它们做好，做到精益求精。特别是能够帮助自己实现目标的核心技能，应该投入全部精力去不断训练、努力提升。而你不擅长的地方，就用你的优点、长处去掩盖、弥补。这是最有效率的成功方法。

一定要让自己有一项过人的长处，身无长处的人是不会被别人重视的。要记住，当你作为一个个体被别人评价时，应该让“这个人好像比较擅长某方面的工作”成为评价你的主要内容，而不是“这个人好像特别不擅长某方面的工作”。

比起任何事情都做得圆滑周到的人，在某一方面表现出色的人更容易受到好评。所以，没有必要立志成为职场上的“全才”，遇到不擅长的事情，就放过去，要扬长避短。

不需要马马虎虎掌握的技能

如果你想现在开始选择学习掌握今后擅长的技能，那么单纯地以“会这个的人好帅”“会这个的人应该很受欢迎”等为标准也未尝不可。因为让人觉得很帅、很受欢迎的事情有很多，其中能让你感兴趣的一定有它特别的地方，这个特别的地方就是你可以选择它的理由。当然，思维单纯也是一项长处。

我在上大学的时候选择熟练掌握英语作为我的长处，是因为我确信，这是赶超那些学历派精英的有效途径。当然，还有一点，是因为我当初也单纯地觉得会英语的人很帅。而选择掌握数学方面的知识的理由更加单纯，虽然当时我不了解各种职业和各个行业之间的关系，但是我知道，任何公司都是用数字来统计业绩的，所以我相信数学相关知识以后一定会有用。那时的我稀里糊涂地觉得自己以后想要做销售分析或者与决策相关的工作，于是就选择集中精力去学习管理会计学。

作为未走入社会的学生，这样单纯地考虑总比什么都不懂却费尽心思做些无用的规划要好。

还有一个现实问题，我们都知道兴趣是最好的老师，所以你作选择时也要考虑自己的喜好。如果自己不喜欢的东西还要全神贯注地学习，可以想象实施的难度有多大。假如投入相同的时间和精力，一定是自己感兴趣的东西会更容易出成果。要知道，你选择掌握的技能是要长期坚持学习的，是在别人吃饭、看电影、出去玩的时候你一直要在家学习的，所以一定要选择感兴趣的，这样才能坚持下去。

千万不要随波逐流，不要听到“要是不会××可太丢人了”就选择学习当下流行的专业知识。如果你对它不感兴趣，那么就算学，也只能学个马马虎虎的程度。但是，马马虎虎并不能成为你开拓人生成功之路的利器。

当然，不管作出什么选择，都要敢于尝试，试过之后才知道自己到底喜欢不喜欢。如果试过之后发现这并不适合自己，那么马上放弃，不要再浪费时间学习。这一点极其重要。

实际上，我在大学期间还尝试过学习市场营销方面的知识，但是我发现自己并没有市场营销方面的人才所具备的基本素养，而且有时候根本不明白书上的内容，所以我马上就改变策略，放弃了学习这方面的知识。简单来说就是，我对市场营销的知识没感觉，所以也就没了兴趣。于是我放弃了学习市场营销的专业知识，转而把时间用在学习英语和数学知识上。英语和数学是基本中的基本，但是没有掌握这两项基本技能的仍然大有人在，所以学习掌握这两项技能一定不会吃亏。而且我认为，直到现在这一观点仍然正确。

如何与失败打交道？——失败不过是改变方向的契机

如果你按我说的，以积极的态度面对人生挑战，那么在追求成功的过程中，你一定会遇到很多次“失败”。

虽然已是陈词滥调，但我还是要说，不能惧怕失败。如果太害怕失败，那么你的生活态度就会慢慢地变成消极的、被动的。

其实失败并不可怕，根本问题是你如何看待失败、如何定义失败。

只要你不觉得这是失败，它就不是失败

我经历过无数次世人所谓的“失败”，但是在我看来，那并不是失败。

世人所说的失败，其实对于不放弃努力的人来说，只是人生路上改变方向的契机而已，与其说是

失败，倒不如说是打开了新世界的大门。

当然，我知道，经历失败的时候心里一定会涌起后悔、难过的消极情绪，没办法，人之常情，在所难免。但是，一直处在消极的状态中，再沮丧，再难过，事态也不会好转。当你觉得自己已经失败，决定放弃，止步不前的时候，最后的结果就一定是必败无疑。

虽然事情没有顺利进行下去，但这已经是过去的事了，无法改变。重要的是，通过这次经历，你学到了什么，你又该如何改变策略，快速回到正确的方向上来。

比如你开车行驶到了一个分岔路口，你选择了其中的一条路，但是走到途中你发现不对，于是停止了前进。如果你就这样停了下来，不知该如何是好，最终选择了放弃，那么结果注定无路可走，一定会失败；但是，如果你发现这条路不对，立刻掉头，回到分岔路口选择另一条路继续前行，就不算是失败。所以，一件事情失败与否取决于你自己的想法，你完全可以把所谓的失败看做是通过实践获得了有意义的信息。

任何所谓的失败，只要你不认为它是失败，它就不是失败，而是开启新世界的大门。所以，遇到所谓的失败，你就换种思维考虑问题，然后继续前行。把精力放在总结经验教训上，而不是浪费在后悔懊恼上。

顺便提一句，我不提倡为了调整情绪去喝酒。一醉方休实际上并不能使事态好转，而且第二天的宿醉还会导致工作效率低下，带来本不该有的精神紧张。

遇到问题，要正视问题，尽可能地解决问题。这样你才能一直都不会有什么精神压力。

如果失败了，要在自己身上找原因

说到底，无论是成功还是失败，都是你自己的成功和你自己的失败，与他人无关。如果没有这种意识，那么你就无法追求个人成功，实现自我价值。成功也好，失败也罢，一定是与自己相关程度最高的因素起到了决定性作用。所以，任何选择都应该是自己来作决定。就算是受到周围人的意见或者社会风潮的影响，而最终选择成为“多数派”中的一员，那么责任也在于自己，因为是你自己作的决定。

失败的时候从来不自己总结经验教训，只顾埋怨别人，说“我失败了都是因为我周围的人没有给我正确的建议”，这是典型的“墙头草”的处世态度。

当然，我们都知道，失败的原因不可能全在自己，但是如果把失败的责任全部归结于受到周围人的影响，你就相当于把一个绝佳的学习机会弃之门外。作为一个正常的社会人，就算是受到他人影响导致失败，你也应该想到：“下次一定要三思而后行，要认真考虑别人的建议是否可以采纳，然后再行动。可是，下次我该怎么判断别人的建议是否可行呢?”这样才能做到不在同一个地方跌倒两次。

别人提出什么建议是别人的事，你无法掌控。但是，要不要采纳他的建议就完全在你的掌控之中了。

实际上，你可以自己掌控的事情远比你想象得要多，但是是扩大还是缩小这些事情的范围完全在你的一念之间。比如说，如果你能养成自己去调查验证别人的建议是否可行的习惯，那么你所掌控的事情就会不断地增多，范围也会不断地扩大。

如何鼓起勇气?

读到这里，一定有人会想："真的像你说的那样积极主动地面对挑战，实际上会是一件非常可怕的事。"换句话说就是："做与众不同的事很可怕。"

我非常理解这种想法。

虽然到目前为止，我并没有在书中写到任何有关恐惧的内容，看起来好像我是一个无惧无畏的人，但是事实并非如此，在我的职业生涯中，很多时候我也会感到惶恐不安。让我印象最深的就是大学毕业找工作的时候，当时周围所有的人都选择稳定的大公司，只有我决定去初创公司，这令我非常不安。但是，正是这个决定，让我彻底与周围的"多数派"、整个社会的大潮流绝别，真正迈出了实现自我的第一步。当然，因为我的方向与大多数人的完全相反，所以迈出第一步时有所顾虑也是理所当然的。

开启一段没有退路的冒险旅程

因为不想成为无所事事的待业青年，所以大学毕业后，我一边打零工一边寻找可以让自己成长的公司。虽然我经常翻杂志、看报纸，以自己的标准去遴选公司，可是这并没有让我的不安感消失。因为当时很少有初创公司会接收应届毕业生的简历，所以我只能直接打电话一家公司一家公司地询问。

我们都知道，想进大公司的人数不胜数，那些大公司每年都会接到数以千份的简历。因为应聘人数过多，所以不可能所有人都能得到面试的机会，公司的 HR 只能通过筛选简历来选择其中的一小部分人。这个时候，能否顺利通过的关键就在于你简历的内容是否有亮点，你是否是名校出身，你是否是高学历。所以，以我的学历，就算投简历，也没什么胜算。当时还处于就业冰河期，就业环境很差，尤其像我这种水平的学校的毕业生，一百个向大公司投简历的人里能有一个收到回复就很不错了。

我很清楚，在这种情况下，既没有令人羡慕的学历又没有出色的成功经历的我，如果与高学历、名校出身的精英们采用同样的方法，那么成功的概率一定微乎其微。所以，我决定走不同的路，选择进入初创公司。虽然这并不是被大家看好的路，但我知道，这条路也不会让我有任何损失，就算失败了，大不了就是从零开始、从头再来。而且，虽然当时初创公司的发展状况令人担忧，但这之前，在它们比较兴盛的时期，初创公司也是MBA等高学历人才聚集的地方，那个时候像我这样的人就是想进也没机会。虽然我大学毕业的时候刚好赶上IT泡沫破裂，报纸、杂志等媒体都在大肆批判初创公司，大部分的人才也尽可能逃离这个行业，但反过来想，这种竞争对手弱、竞争压力小的情况，对我来说不正是一个千载难逢的好机会吗？就是因为初创公司这一业界的大势已去，我才胜券在握。在这种入行门槛低、从业人才少的环境中，只要我足够努力，就一定能取得成功。也就是说，我毫不犹豫地将我“反其道而行之”的理念付诸行动。但是，我是从学生时代开始，就努力掌握积累大量知识的方法，并注意锻炼自己的能力，尽可能取得一些为自己加分的成果的。

另外我想强调，我并不是说没有高学历或者不是名校出身就不可能进入大公司工作。虽然可能性比较小，但是如果你努力提升自己，让自己拥有过人的一技之长，还是有机会的。而我只是冷静地思考了在大公司工作的自己和在初创公司工作的自己，对比之后，选择了后者。

别无选择时，你只能鼓起勇气、继续前行

之前我也写到了，我在上大学的时候，并不是一定要在某个团体中才能完成工作，而是比较重视个人的发展，因为我想成为不依靠团队、靠发挥个人能力让自己走向成功的人。

当然，未来在职场上战胜学历派精英也是我当时的目标之一。所以，在开始找工作的时候，我就详细地考虑了“作战计划”。我知道虽然自己不可能马上一跃进入他们的世界，但是至少在人生的某一个阶段，我一定会在精英荟萃的行业里做出自己的成绩。这个行业具体来说就是民营的咨询公司或者投资银行。但是，以我的学历和背景，马上进入这个行业是不可能的，所以我将这个目标设为我的中

期目标，而实现它的第一步就是去初创公司工作，走到经营工作的一线，切身体会什么才是真正的经营。也就是说，去初创公司工作对于我来说是必然的选择，敢于向并不招收应届毕业生的初创公司大胆地说“虽然我没学历没背景，但是我干劲十足”来自我推荐，也是因为我别无选择。

当你遇到除此之外别无选择的情况，你不会再担心自己会不会害怕前行或者有没有勇气面对，因为你只能鼓起勇气，一直走下去。

不必担心，在前行的过程中，慢慢地一定会越来越有勇气和自信。所以，首先要找到属于自己的目标，剩下的就是去寻找那条唯一的路。

一旦取得成功，别忘了扪心自问：这其中到底有多少是因为自己的努力？

一旦达成了某个目标、取得了阶段性的成功，千万不要忘了沉下心来，仔细想想：这其中到底有多少是靠自己的努力换来的？

现实的工作过程是很复杂的，无论什么样的成功，除了自身努力之外，还与外部的环境息息相关。但是，绝大部分人都不会想到这一点，就算成功了，也只顾着开心，其他什么都不考虑。更有甚者，会认为成功完全是靠自己的努力换来的。有些人就是这样，永远活在自己的幻想里，把下属或者团队的努力和付出当成是自己的，并因此沾沾自喜。还有一部分人刚跳槽的时候工资并没有之前的高，工作上稍有成绩就想邀功请赏，觉得："虽然我来的时候工资较之前少了，但现在我也做出了点成绩，差不多是时候该给我涨工资了吧。"殊不知，你能取得成绩，并不是完全因为你自己，很有可能是因为之前公司的工作环境让你有所成长，你才有了今天。所以，取得成功后，要冷静地思考分析，把个人努力和周围环境的因素分开考虑。

有自知之明，能客观地评价自己

有些人顺利进入大公司工作后就认为自己已经成为"人生赢家"。实际上，他们是被自己的错觉所迷惑。如果一直错把团体的力量当做个人的能力，那么一旦某一天离开了这个团体，你就会发现自己成了一个一事无成的失败者。而且，无论什么样的团队或者公司，都有可能出现重组甚至倒闭的情况，这个世界就是这样变化无常。一旦遇到这种情况，那么你唯一可以依靠的就是自己，你只能靠自己的力量走出困境。因此，作为一名职场人，要有远见，一定不要忽略培养自身能力的重要性，不能习惯安于现状，否则你很有可能会让自己陷入困境、无法自救。

要想活出自我，追求属于自己的成功，就要在每一次取得阶段性成果的时候扪心自问："这次成功究竟有多少是因为我的努力？究竟能多大程度证明我的能力？"对于成功要冷静思考、认真分析，分清哪一部分是因为自己的能力，哪一部分是因为团队的努力，这才是成功人士应有的基本态度。

能够清楚判断自己的能力和努力程度，并在这个过程中寻找让自己成长的一切机会。这是走向成功的必经之路。

不能做“昙花一现”般的成功人士

前文我已经讲过在负责 MCJ 公司上市的过程中我的工作和生活的状态。公司在上市之后销售额稳步增加，甚至达到了 1000 亿日元，利润也大幅度上升，超过了 10 亿日元，同时，公司规模比以前也大了很多，有几百名员工。但是，为了登上新的人生舞台，我在 MCJ 上市几年后辞去了工作，选择去剑桥读 MBA。得知我这个决定，很多亲朋好友对我说：“公司已经上市了，你现在是上市公司的员工，为什么要辞掉这份工作呢？这不是浪费了大好的工作机会吗？”其实，我在作这个决定时，仔细认真地思考了这样一个问题：这次我取得的成功里到底有多少是我自己努力的结果？

当然，我确实是尽最大努力去做的，这也是最后取得成功的重要原因。但是，实话实说，我也不能忽略其他因素：比如初创企业特有的发展势头非常有利于上市；比如当时小泉实施改革，我们刚好赶上了改革的风潮；比如周围同事们的共同努力（当时的同事们也是什么都无心理睬，只顾着一个劲儿地努力向前冲，现在觉得他们当时真是酷毙了)。

在公司成功上市之后，如果我就那样一直留在公司，也未必不是一个好的选择，至少这是一份既有社会地位又让人非常羡慕的工作。我现在仍然与当时关系不错的同事保持联系。但是，那个时候如果我留在 MCJ，那么我和那些只会讲泡沫经济时代自己创造“丰功伟绩”的大叔还有什么区别？我告诉自己，绝不能成为“昙花一现”的成功人士。

人一旦得到满足往往就会止步不前，所以为了能一直坚持努力，保持谦虚的态度非常重要。而且，如果改变环境和场所，把同样的工作再做一遍还能成功，那才能证明获得成功真的是靠你自己的努力而非偶然。所以，在完成 MBA 的学业之后，我把目标定为与初创公司和实业公司完全不同的咨询公司。

成功的过程需要不断被复制

成功的过程必须不断重复。想要活出自我，这是必须遵循的重要原则之一。在本章的最后，我会详细加以说明。

有些人对“个人的成长”视若无睹，他们常常取得一次成功后就沾沾自喜并安于现状、不再改变，这也是他们一直以来的工作态度。但是，一个人如果想要充分挖掘自己的潜力，在实现一个目标之后，就不能沉浸在喜悦中，而是立刻开始向下一目标进发。

养成实现成功的习惯

在上一章，我提到了要养成完成目标的习惯，并指出了它的重要性。而要养成这种习惯，最重要的就是多积累成功的经验。

不自满于成就→改变环境→从零开始→再次成

功。如果你能不断地这样重复，那么你就会积累许多成功的经验，并最终养成实现成功的习惯。

如果你能习惯于这种循环模式，你定将无所畏惧。即便是在实现目标的过程中遇到了困难，你也能以积极的态度应对，并对自己说："这问题太平常了，我一定能解决。"

其实说起来，最让人觉得兴奋和开心的并不是成功这一结果，而是实现成功的过程。

无论取得了什么样的成功，人们对于成功的喜悦至多持续个把月，渐渐习惯之后也就没什么感觉了。这时，如果你安于现状止步不前，那么所有的雄心壮志都会烟消云散。继而导致你会每天抱怨："这工作太无聊了""这工作真是毫无意义啊"。

所以，在我看来，继续前行和不断成长这两件事与生存有着近乎相同的意义。

取得成功的下一刻就应该马上再次起航

我总是在达成一个目标后即刻就向下一个目标进发。

MCJ 公司上市的那天早上我们在东京证券交易

所敲钟，晚上我们与证券交易所的员工一起去参加盛大的庆祝晚宴。当晚 MCJ 公司去参加晚宴的只有社长、我和另一位同事。但即便如此，我还是对大家说“回去之后还有工作要做”后提早离开了晚宴。到家之后就马上开始上网搜集各个商学院的信息。

之所以这样做，是因为在公司上市之前我就有这样一个想法：梳理自己到目前为止所做的工作，并在此基础上进行系统的学习。我还有这样一个愿景：如果我最终能够从哈佛或剑桥之类的名校毕业，那么未来我可能也会跻身名校精英云集的行业。

众所周知，一个公司上市之后，员工若持有股份，可以通过认领股权拥有大量资产。MCJ 上市后，员工中有些人拿到这些钱后就淡出职场，还有一些人用这些钱买车买房。或许是因为他们一直以来只能领取微薄的薪水，所以作出了这样的选择。（当然，这是个人选择，无可厚非。）而我却将这些钱（约 1000 万日元）作为我的留学基金，为下一次成长投资。

为什么我推崇“重视个人发展”却不选择创业?

之前我也多次提到，寻找努力的方向是极其重要的。因为我们必须要冷静思考，找到我们人生的赛场。

尽管我非常赞同“重视个人发展”，但我依然没有选择创业。之所以如此，是因为一直以来都没有一件事情是我特别想做并且需要通过开公司来实现的。

既然看不到努力的方向，那么我就不会去做这件事。

提到“重视个人发展”，有人认为：“我是在一个团队中工作的，怎么可能实现个人发展?”其实，事实并非如此。要在团队中实现个人发展，你需要考虑：以这个团队为背景，如何实现自我成长?在此过程中，我们又需要学习什么?如果在这个团队中工作能让自己的前途更加宽广，那何乐而不为呢?将团队的资源都物尽其用后再去创业也不迟嘛。

拿我的例子来说，我认为现在的公司依然有很多东西可以自己掌控，而且工作又很开心，所以我相信，继续留在团队中工作，我还能学到很多。

与此同时，我也知道，很多人觉得与团队的从属关系会压制自己的个人发展。其实不然，重要的是你要学会如何与整个团队打交道。下一章，我将就如何处理与团队的关系谈一下我的看法。

第三章　为了成功逆袭，学会正确与团队相处

在这一章，我会为你解答如下问题：

- 我不想成为“团队的齿轮”，怎么办？
- 我想学习，可又没有时间，怎么办？
- 公司的制度腐朽陈旧，工作索然无味，怎么办？
- 到底要不要跳槽，好纠结，怎么办？
- 不知道该去追寻梦想还是安于现状，怎么办？

绝对不能仅仅做好本职工作

在这一章，我将告诉你应该如何与团队打交道。

我想每个人都曾经考虑过“对于公司来说，我扮演着什么角色”，但是想要重视个人发展，并在团队合作中有所成长，仅仅考虑这一个问题是不够的，还应该考虑“对于我来说，公司应该扮演什么角色”。

那么，如何在工作中掌握主动权，如何制订计划，以及究竟该如何选择公司呢？

这些都是在团队中工作的人应该认真思考的问题。

问题不在于是不是团队的齿轮，而在于是什么样的齿轮

经常有人用“团队的齿轮”这种说法去调侃公司员工。当然，员工受制于团队的条条框框这一工作方式确实有问题，但是企图用“齿轮”这种说法去吐槽或者批判员工的人同样也有问题。

直截了当地说，既然属于某一团队，那么成为它的齿轮是无可非议的。

“属于团队”这句话本身就含有“成为齿轮”的意思。若有人属于某一团队却并不认为自己是那个团队的齿轮，那只能说他没有从客观的角度审视自己。

我想强调的是：重要的并不是“我是不是齿轮”，而是“我到底是带动周围齿轮运转的大齿轮，还是被周围齿轮带动的小齿轮”。

在一个团队中，如何才能积极地掌握主动权，如何才能掌控工作并使其顺利进行，这极为重要。

在第一章中我曾提到，现实中有些事情我们可以通过努力改变，但也有些事情我们努力也无法改

变。可能很多人一听到“在团队中工作”就会马上留下毫无自由的印象，认为工作中尽是些无法依靠个人力量改变的事情。

但是，现实到底如何取决于你自己的意识。如果确立了独立发展的工作模式再去与团队打交道的话，即便是在团队中工作依然能够充分掌握主动权。因此，成为制订团队计划的一员就变得极为重要。关于这个问题，之后我还会详细讲述。

不要再相信水滴石穿

有些人误打误撞进入了一家公司后会想：“看来我与这家公司有缘分，所以就踏踏实实地在这儿好好干下去吧。”

这种想法绝对是大错特错，不仅在某种意义上丧失了自主性，而且以这种貌似看破红尘、听之任之的心态也不可能创造属于自己的未来。

况且，产生这种想法的前提是，你能找得到一家可以供职一生的公司。但实际上，以应届毕业求职者所掌握的信息和他们的判断力根本无法实现这一前提。

现在，基本上没有大学生会特别了解现实社会到底是什么样子、职场人每天都在做什么。在这种情况下，如果真的有人找到了可以供职一生的公司，那么只能说他是个幸运儿。

所以，我们不应该把公司视为一生不变的因素，应该不断寻找可以让自己继续成长的工作场所。

我们要充分发挥自己的长处，积极寻找与自己目标相吻合的工作场所。尽管有些前辈会安慰你说："水滴石穿，只要你能坚持住，一定会有回报的。"但对于这种毫无营养的建议，直接无视就好。

你沉寂三年，止步不前，殊不知世界早已发生巨变。

所以，"彼时即是此刻，此刻便是彼时"。

不要犹豫，要时刻做好准备，一旦发现能让自己成长的地方，就坚定地马上飞奔而去。

上一章我也讲到了"当机会降临的时候，你是否已经做好抓住机会的准备"。所以，想要抓住机会，你就应该为这一准备而坚持努力。

除此之外，重中之重是切记：职业生涯没有教科书。

无论你是询问他人还是查书阅典，都不会得到关于自己职业生涯的任何信息。因为本来你的人生就是独一无二的。

同样，对于幸福，每个人都有不同的定义。没有必要刻意追求与别人相同，你要去寻找属于自己的幸福。所以，重要的是，要知道什么才是自己想要的幸福。

创造自己的“英雄传奇”

无论你目前在公司中担任何种职务，你都必须要摒弃“我要在这个公司工作一辈子，哪儿也不去”这一狭隘思想。

我已经说过很多次了，在这个瞬息万变的世界，这种想法是极其不现实的。

相较而言，你需要有的是“无论在哪儿工作，我都要去解决最突出的问题”这一意识。也就是说，要创造日后可以让别人刮目相看的“英雄传奇”。

（当然，这里的“让别人刮目相看”指的是事情的可信服度，并不是提倡大家以“有向别人炫耀的资本”为目的去工作。）

所以，我们应该不懈追求的是：我们究竟能够积攒多少可应用于其他公司或行业的宝贵经验。

现在有很多职场人士总想做些什么事情以改变现状，于是就开始准备各种与自己工作无关的资格认证考试。实际上，与此相比，能够在如今的岗位上成功地做成一件事可以更加有效地打破现状。

“普通人”毫无魅力可言

我现在负责所在公司的招聘工作，面试时经常会遇到一些简历非常漂亮的人，比如：东大毕业、名企就职、取得了 MBA 学位，面试者本人也是自信满满。但实际上，拥有这样优秀简历的人比比皆是。

而作为招聘方，其实我们更感兴趣的是“你的特点是什么”。

即便是出身名校、就职名企的人，如果在工作经历中没有宝贵的“英雄传奇”，那么他也只是一个普通人，无论出身学校和工作经历看起来多么优秀，也只不过会获得“他是很聪明，但是我没看到他把智慧用到了工作上”这样的评价。

有一点希望大家清楚：做过哪些工作才是你的工作经历，而并非在哪个公司工作过。

我在录用公司员工的时候，从不考虑他毕业于哪所学校，在哪个公司工作过，现在又就读于哪个商学院。我周围的人也不会把这些方面作为考察的重点。

我现在公司的同事们从来不会讨论谁是哪所大学毕业的，只是在一起工作时偶尔看到了同事的简介，才会说：“哦，原来他的履历是这样的啊。”

也就是说，只有在应届毕业生求职时，学历才会成为问题。而在此之后，现实的职场中最必不可少的是你的“英雄传奇”，也就是你可以在实战中应用的技能。

从此时此地开始，创造属于自己的“英雄传奇”

现实中身居高职、业绩突出、人品出众、处处完美的人其实很少，所以录用员工时我们常常考虑的问题是：谁更胜一筹？我们更看重的是什么？

也正因为如此，拥有突出业绩和实战经验的人就会显现出更强的竞争力。

能够成功建立新项目的人，能够协助上司对公司做出前所未有的贡献的人，在同期中能够率先得到晋升的人，这些人都拥有属于自己的“英雄传奇”。当然，他们也是招聘方最青睐的人。

而且，只要你的“英雄传奇”足够显眼，即便没有与招聘岗位相关的专业知识，你也会被录用。这种事情在现实中时常发生，因为招聘人员相信“能够独立思考并最终取得成功的人，其成长空间非常大，前途无量”。

在一个团队中，观点鲜明、思维活跃的人是初中毕业还是高中毕业都无所谓，他的能力与学历无关。夸张点儿说，即便是有过失业的经历，如果他能够因为这一经历而成长并将其变成自己的“英雄传奇”，也并无不妥。

为了按照自己的计划实现梦想，我一直将工作目标定位在初创公司。正因如此，毕业之后我没有马上找到工作，在那段时间，我一边打工一边找工作。打工的工作都是我比较擅长的体力劳动或者期货公司的电话推销员。这段经历也成为属于我自己的“英雄传说”。

“追寻自我”是一个长期的过程，不是离开学校走上工作岗位就要停止“追寻自我”、放弃自己的追求。而且，根本也不存在某种规则规定必须一毕业就工作，暂时找不到工作也没有关系，重要的是，你要能够创造属于自己的“英雄传说”。

如果你想成功，就必须立志从普通人的群体中摆脱出来，做一个超人。不要觉得这不可理喻，任何时候都会有团队需要超人。万一外部环境不好，没能给你提供机会，那你就从现在开始，在此时此地，自己给自己一个机会，开始创造属于自己的“英雄传说”。如果你想要让自己有所改变，那么就从这件事开始做起吧。

怎么才能一边工作一边学习?

想要活出自我，实现个人的成功，有一个必要条件，即在公司里能够边工作边学习新技能、积累有用的经验，而且这种技能和经验必须是也能应用在其他公司或行业的实用技能和经验。你能掌握的技能就是让你与别人拉开距离的最好武器。

比如我，我的“核心武器”就是我的英语能力、作为企业首席财务官的能力以及在实业公司和咨询公司工作的经验。就是这些“武器”，让我把竞争对手远远地落在了后面。

形成学以致用和查漏补缺的良性循环

想要手握能够助你战胜一切的武器，“尽最大可能扩大知识储备量”是唯一的路。这里的知识不仅包括书本上学到的知识，还包括在工作中积累的经验。拿会计来说，就包括书本上学到的会计知识和实际的会计工作经验。这两种知识是相辅相成的，如果能把它们活学活用，形成良性循环，那就再好不过了。也就是说，能将书本上学到的知识应用到实际工作中去；同时，通过实际的工作查漏补缺，找到自己应该通过书本补充哪方面的知识。其实，不光是工作，这种良性循环适合应用到任何一种技能的学习过程中。

通过这种方式，你可以证明平日的工作中发现的经验和方法是否正确，也可以掌握可应用于任何行业的工作技能。这些知识和经验就是你跳槽到其他公司、做其他职位甚至做其他行业的工作时最明显的优势。

将精力集中在一个方向上，尽最大可能积累最多的专业知识和经验

但是，需要注意的是，不要试图去掌握所有方向与所有行业的相关知识，要把精力集中在一个方向上，然后就此方向尽可能多地掌握相关知识、积累相关经验。那些狂热的“考证爱好者”们，今天想试试这个，明天想试试那个，最后一定每一样都半途而废，没有掌握任何一种可以让自己在职场中取胜的“武器”。

假如你现在没有找到自己擅长的工作方向，那么你就想一想自己的人生目标、自己喜欢做的事情、自己最擅长的事情，通过这种方式，尽快地找到自己擅长的工作，让自己觉得“如果是这方面的相关工作，我一定会做到尽善尽美”。一旦确定了方向，之后就是拼命地积攒知识和经验了，特别是一定要有意识地在实际工作中学习知识、积累经验。

年轻人在公司里可能会被分配做一些日常性的工作，所以对于那些能够使自己学习知识并得到锻炼的工作，不管能否确定会成功，都要毛遂自荐，主动承担。就算是看起来多多少少有些超出自己的能力范围，也要勇敢地主动承担。不要害怕失败，你还年轻，还可以失败。重要的是，在这一过程中，你为了弥补能力上的不足而努力学习、为了完成工作而付出的辛苦，都会变成你掌握的知识和经验。而拥有了这些知识和经验，再加上拼了命的努力，最终一定会完成工作。

这些看起来一定不可能做到的事，就是今后可以让别人对你刮目相看的“英雄传说”。

拼尽全力工作时，你根本感觉不到精神压力

在积累知识和经验时，如果你没有拼尽全力，所付出的努力程度和周围的人不相上下，那么你也根本不会和周围的人拉开差距。所以，尽最大可能积累最多的知识和经验，达到别人不可企及的程度，你才会有压倒性的优势。

在积累知识和经验的过程中，为了确认“我已经尽力了”，我会时刻让自己拼尽全力、毫不松懈。在我周围，没有比我更努力的人。如果有，我一定会更努力让自己超过他成为最努力的人。

人总是在努力后没结果就想到放弃，因为懒惰放弃后又会后悔。其实追根寻底，人就是在因为懒惰而选择放弃的状态下最容易有精神压力，可以说这种状态是精神压力大的“元凶”。人并不是单纯的生物，悠闲自在、懒懒散散地生活就不会有任何压力；相反，只有拼尽全力去做事的时候，才会从精神压力的困境中脱离出来。所以，不光是积累职场上的知识和经验，在做任何事情时，都应该拼尽全力去努力。

如何合理分配属于自己的时间?

“在工作的初期，能够掌握更多知识和经验的人最终一定会胜利。”这是最简单的规律，也是职场中不变的法则。

年龄大的人之所以地位普遍比年轻人高，就是因为他们所掌握的知识和经验更多。所以在刚刚开始工作的时候，你如果有意识地努力，将知识储备量积攒到别人的两倍或者三倍，在总量上超过年龄大的人，那么即便年轻，你依然很有可能获得比年长的人更高的职位。

工作或者学习上的收获和成长可以用“投入时间 × 努力频率”来计算，如何增加前后两项的数值，使结果最大化，是你最需要解决的问题。就工作来说，增加前者，就要将工作在生活中的优先顺序尽最大可能地提前；增加后者，就要在时代最前端的大环境中寻找可以让自己大显身手的工作环境。

毫无经验的职场新人战胜职场大叔的秘密武器

大部分人的工作时间都是从早上9点到下午5点，实际上每天只有七八个小时。当然，每个职业的实际情况都是不同的。但不管何种工作，如果你能多用一倍的时间去努力学习知识、积攒经验，那么你的成长也会比别人快一倍。

我刚刚开始工作的时候觉得，如果在公司里学到的东西太少的话，甚至可以同时在两家公司工作。

有人觉得职场新人所做的工作基本上没什么价值。其实不然，如果你想在年轻的时候就在职场上大显身手，那么你就必须要找到能够战胜职场大叔们的秘密武器。比如说，当工作需要用到英语时，大部分人的英语能力都不足以应付（年龄越大的人越是如此）。在这种情况下，可以说英语能力就是非常有效的秘密武器。而当时，我的秘密武器是办公软件的应用。那时 Windows 95 刚刚发布，所以我和那些已经工作的人接触 Excel 和 Word 的时间基本相同，或许我的时间还会更久一点。这个秘密武器让我能够提出利用这些办公软件提高效率的提案从而逐渐崭露头角。现在人人都会办公软件，而会编程可能才像我当年会使用办公软件一样。

其实，潮流不断变化的时代也是年轻人机会最多的时代，因为年轻人有可塑性更高、更易接受新鲜事物的优势。但是，在有这种优势的同时，不要忘记将所掌握的新鲜事物在工作中活学活用。

我上学的时候，平时没事就拿 Excel 做各种表格或者做各种 PPT 来消遣。虽然说工作的人必须要学习并掌握如何使用这些办公软件，但还没工作的人也并非不可以学习。尽管难度有差距，但是提前学会简单的操作，以后走上工作岗位真正用到的时候也不至于一头雾水无处下手，而且还能比别人更快地掌握使用方法。

办公软件等这些工作中可以使用的工具其实并不是工作的主要内容，但是快速熟练掌握它们的使用方法却可以成为年轻人战胜职场大叔们的秘密武器。而且，不是说这些紧跟时代潮流的技能只能应用在新兴的行业中，它也能应用到更多的领域中，而且如果能将其运用到传统的行业里，反而会让你更快地实现大显身手的目标。

将没有学习价值的杂活流程化

在公司工作的时候，如何挤出时间学习有用的东西应该是你需要解决的问题。之前我也说过，想要掌握在各个行业里通用的技能、知识和经验，就要最大限度地投入时间。但现实的工作中，你并不可能一直做想做的工作，平时的应酬之类的暂且不提，作为职场新人，工作中的杂活一定是必不可少的。对于这些杂活，你需要下功夫将它们流程化，以便在最短的时间内完成。比如每天都要做的惯例性工作，就按照你自己规定好的流程快速地过一遍，让它尽可能不浪费你更多的时间和精力，这一点也尤为重要。

上下班路上玩手机的人注定被淘汰

想要成功，就要抓紧每一分每一秒充实自己。

我二十多岁的时候，每天想的都是我尽最大努力能够学到什么程度，并以此激励自己每天努力学习。所以，每天我早早地就来到公司，晚上一直工作到乘最后一班地铁回家，常常半夜一点多才到家，吃过饭后，一定要学习三个小时再睡，第二天又搭乘最早一班车去公司，这就是我每天的生活。

尽管大家都在一家公司工作，但是有人付出十分的努力，有人付出五分的努力，有人只付出一分的努力。于是，大家渐渐拉开了差距。你能投入到学习知识与充实自己上的时间越多，你和别人之间拉开的差距就越大。所以，要时刻鼓励自己“我应该可以做得更好”，抓紧每一分每一秒来充实自己。

之前我提到过幻想的重要性，与其将时间浪费在沉溺于漫画或者游戏，倒不如把这些时间拿来幻想成功后的自己。

所以，每一分每一秒都要珍惜，做有意义的事情。对于上班族来说，上下班坐车的时间就是绝好的学习时间，特别是坐地铁上下班的人，一定要将乘车的这段时间用来强化自己的优势，不要说玩手机了，在车上睡觉都是一种浪费。这在你看来或许是一种非人程度的努力，但是，如果想成功，你真的有必要想一想你有没有做到如此地努力。

拿我来说，不仅在坐地铁的时候，就是下了地铁后步行的时间我也用来学习。以前，为了节省开

by Sue

支，我在一个很偏的地方租了间简陋的公寓，从最近的车站步行回去也要20分钟。每天晚上在回家的路上，我都在有路灯的地方拿出英语书来看，然后从一个路灯走到另一个路灯的过程中，因为光线不够亮，我就嘟嘟囔囔地背诵刚才看的内容。我想，当时在路上遇到过我的人一定会觉得我莫名其妙吧。

上学打工的时候，我选择的也是能确保我有自己的时间的工作。比如披萨店的送餐员等，这样我在送餐的过程中就可以一边骑摩托车一边背英语或者一边练习听力一边学习（危险，大家最好不要效仿）。

如何挤出时间用来学习、充实自己，直接关系到成功的速度。如果你能在充实自己上下足功夫，达到不学习心里就不安的程度，那么我相信，你个人的能力一定会在短时间内有一个质的飞跃。

能否继续学习取决于你能否让习惯学习的状态成为你生活的常态。也就是说，绝对不能把悠闲度日变为你生活的常态，否则成功会离你越来越远。

另外，说一句题外话，我小时候家里没有电视，所以从小我就没有回家看电视的习惯。尽管这让我与小朋友之间少了很多共同话题，但是我真的很庆幸我没有将宝贵的时间浪费在看电视上。

想要成功，就要正确规划你自己的时间。首先要优先分配学习的时间，之后再考虑把时间分配到其他事情上。这样，作为职场新人，你会自然而然地让自己除了工作和学习外没有时间做其他事情。

从积累经验到传授经验

如果工作进行得顺利，总有一天，你也会有自己的部下，你也会有机会将自己的经验和知识讲授给他们听。但是，首先要清楚，如果自己没有积累，传授又从何谈起。所以，你要通过学习知识与积累经验来充实自己。只有自己充实了，你传授给别人的知识和经验才能保质保量。为了未来能够保质保量地向后辈们传授知识和经验，现在就努力去充实自己吧。否则，未来有一天面对后辈时，你会很为难。

在上一章中我曾经写到，听取别人的建议之前要先认真考虑“这个人是谁，他身处什么样的环境”，再考虑是否采纳他的建议。同样，当你给别人提建议的时候，别人也会首先这样质疑你。但是，如果你的知识和经验储备量足够大的话，就没有问题。当你被问到“你是谁，你的工作环境是什么样的”时，因为你已经成功过许多次，也经历过很多不同的工作环境，所以一定可以从容不迫、条理清晰地给出自己的建议。

知识和经验的储备量越多，未来你可以传授给后辈的知识和经验也越多，如果你懒于充实自己，那么未来你一定会成为团队的包袱，毫无价值。

如何成为团队中制定新规则的人?

在这一章的开始，我写到了如果想要活出自我，取得属于自己的成功，就要在团队中掌握主动权。所谓掌握主动权，就是成为团队中制订计划、创造先例的人。简单来说就是，不是按照公司已有的规则去工作，而是要成为新规则的制定者。

在别人领导的团队中工作十分简单。但是，按照他人的计划去工作的人只是这个团队中重要的执行者之一，千万不要误以为认真执行别人的计划有助于自己的个人成长。如果一直是计划的执行者，那么你可能永远得不到锻炼和成长。当然，也有人认识到了这一点，却苦于无法改变而困扰不已。如果你也是这其中的一员，那么我告诉你，办法只有一个：行动起来。你要有意识地去想“如何才能让自己成为制定规则、创造先例的人”，边想边工作。

诚然，抛弃已有规则而制定新规则并不是一件简单的事情。不仅很难说服上司，而且一旦执行起来，要比墨守成规多付出几倍的精力和体力。但是，这样积极主动地工作会比被动地按照别人的方法去工作更有趣，会让自己感到更充实，也更有助于自己的成长，甚至可以成为自己“英雄传说”的一部分。

如果公司的规则不够完备，那么你可以努力让它完备

说一个我自己读书时的例子，也许有助于你更好地理解什么是规则的制定者。

之前我提到过，我在上学的时候曾经做过披萨店的外卖送货员，也许是因为这家店开在港区，所以经常有外国人订外卖。外国人大多会使用英语订外卖，但是店里却没有针对这一情况制定具体的应对制度，因为打工的都是大学生，而大学生多多少少都会点英语，所以差不多也能应付得来。

那个时候我就知道，任何一个工作机会都是学习新知识的机会，而且当时我刚好正在努力学英语。于是我就教大家一些英文中通用的习惯表达，比如“接电话的时候应该这样说……”，就这样我慢慢地整理出一整套接待外国客人的应对方案。

这就是成为规则制定者的例子，也是一个能将自己与周围人拉开差距的具体事例。虽然不是什么很重要的事情，但我却执着地认为，在面试时，它比单单说“打工让我学到了很多社会规则”更有说服力（因为本来通过打工就根本学不到什么社会规则）。

如果一个团队中没有清晰明了的工作制度和规则，而你也一直认为“我们公司没什么规矩，没办法，就是这么一个随便的公司”，那么你就完完全全地是一个“墙头草”。如果公司没有规则和制度的话，你就应该举手说：“没有规则，那我们就制定规则吧。”因为这种经历一定会成为助你制胜的有力武器。

从被指派的位置上跳出来

如果你现在就职的是一家小公司，那么这意味着相较于其他人，你有更多的机会去创造先例。特别是如果公司的规则不够完备，你周围的人又觉得这份工作很麻烦而不愿去承担，那么这种情况对你来说就是绝佳的机会。你应该马上接手，独当一面地完成这项工作，让自己成为公司制度的制定者。

如果你能坚持这样做，那么制定制度的同时，你也会成为公司里最了解公司制度的人。也就是说，如果没有你，公司可能不能顺利地运转。那么此时，你已经掌握了主动权，也就像我在本章开头说的那样，成为带动周围小齿轮运转的大齿轮。

为了能够在团队中追求属于自己的成功，你要积极地寻找公司制度和工作中的空白，并积极努力地填补空白，以此来巩固自己的地位。这种积极主动的工作方式极其重要。

同时，要有敏锐的目光，准确地判断自己所在的团队是否可以抓住机遇。包括现在的公司在内，我所工作过的地方都是我认为可以抓住机遇的团队。

如果你能享受为团队制定规则、创造先例的过程，那么你就能全身心地投入到工作中去。我来到现在的公司后，在国外几个月的工作时间里一直提供史无前例的一站式服务，即不仅负责海外企业并购的咨询工作，而且负责企业并购后的 PMI（企业并购后的统筹）工作。

不要永远安于现状，停在公司给你指派的位置上，要敢于走出来，为自己寻找新的任务。如果你一直认为“这是公司交给我的工作，除此之外我不用干别的了”，那么你的前途也就在这里结束了。你应该想的是，在完成指定任务的同时，如何做更多的工作来提升自己。想要在一个团队中锻炼自己的能力，工作中能否体现自己的特点和价值是关键。当然，你所体现出来的自身价值也一定是符合公司利益的价值，既然身为公司的一员，那么成为对公司有价值的人就显得格外重要。

如果你能够合理有效地体现出自身价值，那么你的人生就很可能实现惊天大逆转。从自己的位置上跳出来，做更多的工作，如果对公司产生了很大的影响，那么公司自然而然会为你提供一个更好的职位。突破口就在于，敢于毛遂自荐，成为规则的制定者和先例的创造者。

既能综观全局，又能审视自我

要成为规则的制定者，不仅要努力工作，而且要能清楚地认识到自己在团队中所处的位置。要有眼光将团队的工作和自己的目标对照起来，验证其是否相符。

在第一章中我就提到，不仅要有足够的热情来激励自己前行，还要有冷静的头脑寻找正确的方向。

为什么作为一名职场新人我的第一志愿是经营管理？

在团队中工作，首先必须要考虑的就是，未来你想走到什么位置。也就是说，你有必要找到一个位置，并让自己清楚地知道“未来我将在这个位置上指导公司运作”。

找到这个位置，就必须要有我所说的冷静的头脑以及可以在自己所在的团队中综观全局的视角。

在我入职第一家公司 GDH 时，我填写的志愿是经营管理。当时是我走向工作岗位的第一年，对于公司的整个运作模式并不是特别了解。所以，我希望能做可以知晓资金流向的工作，并通过这项工作来了解整个公司的运作模式。虽然乍一看这是一项非常普通的工作，但是这个职位却可以了解公司的整体情况。簿记式的思考方式和对现金流动的认识（公司业务和资金流动之间的关系）对我后来的职业生涯产生了深远的影响。当然，选择这一职位，也是考虑到我有管理会计学的基础且有善于综观全局的优势而做出的决定。但是，我并没有想要一直做经营管理的工作。为了成为规则的制定者，我在做经营管理的同时，时刻考虑怎样才能跳出这个位置的束缚提高自己的存在感，怎样才能尽早地走上自己理想的位置。想要在团队中实现自己的目标，你就要时刻有这种意识，为自己的下一步做好准备。

把有专业技能的人拉入自己的团队

究竟具体该怎样做才能跳出自己现有职位的束缚呢？我介绍一下自己的经验。

我在第一家公司工作的时候，注意到这家公司没有严谨的工作计划和工作预算，也没有投资核算管理制度（对于投资回报的掌握）。同时，作为一个只有十几名员工的独立小公司，这家公司只有目前的财务报表和未来的奋斗目标，却没有一份可以给投资人看的公司业务规划，能够详细说明“五年后我们公司会成为什么样子”“如果投资，会收获什么样的回报”。而本来处于发展上升期的初创公司业务量就很多，而且每一项工作都是不得不做的，所以大家都忙得不可开交，其他人谁也不会再去做这些工作之外的事情。但是，我就一边做经营管理的工作，一边着手开始准备详细的公司业务规划。当然，作为一个初入职场的人，单靠我一个人的努力是无法完成这项工作的，所以我决定与公司里唯一一位精通相关专业知识的同事一起做。这位经营企划部的同事非常优秀，整个经营企划部只有他一个人，所有工作都靠他自己。而一个人忙不过来也成为我去给他帮忙并把他拉进我的团队的最好理由。

把周围有相关专业知识和技能的人拉进自己的团队中，是成为规则制定者的方法之一，特别是当自己因为专业知识不够全面而无法进行下一步工作时，这个方法就是唯一的选择。

经营企划部的人虽然也能熟练使用办公软件，但是却对管理会计学相关的知识一知半解；而我在大学期间曾系统学习过管理会计学，但却并不了解如何制定公司的发展规划。于是我在邀请他共同工作时，就对他说："我们发挥各自的长处，取长补短，共同努力吧。"当然，这项工作虽然是在他的主导下进行的，但是我也经历了在完成经营管理的同时，一项一项从零开始着手准备的过程。这里顺便提一下，要想制定公司业务规划，首先必须要了解公司整体是如何运行的、公司的各种规章制度以及各项工作的流程。在进行这项工作的过程中，整理了公司所有的存货清单、将公司业绩数字化等经历都对我后来的发展起到了重要的推动作用。

正因为我选择了初创公司，所以作为初入职场的新人，才有机会做这样的工作。如果你也想在工作之初就能成功成为公司规则的制定者，那么小型的初创公司可能是你择业的最好选择。公司越大，工作分配越细致，就算你想要积极主动要求“让我来”，也未必会有这样的机会。所以，在大公司工作和在小公司工作，你努力的方向和方法应该是不同的，方法要因地制宜。关于这一点，之后我会详细讲述。

应该跳槽的时机和不应该跳槽的时机

在这一章的最开始我就说过，一定要找到适合自己的工作场所，这是不向现实妥协、活出自我的最根本要求。

我也说过很多遍了，你不可能刚刚踏上社会就找到适合自己的公司，而且在你不断成长、成熟的过程中，你的可能性会不断地扩大、拓宽，你会不断地想要挑战新事物。所以，该跳槽的时候就要毫不犹豫地跳槽，这是追求个人发展过程中的不变原则。

那么，什么时候是该跳槽的时候呢？这恐怕是困扰很多人的问题。

接下来，我就来讲一下这个问题。

仔细考虑你要辞职的理由

“真是不想在这样的公司里干下去了！”

在职场中拼搏，这一定是你最耳熟能详的话。我们经常听到周围有人这样说，但是如果只是说说而已，没有行动，那么这句话就毫无意义。

如果你觉得自己无法融入现在的工作环境，那么你就应该考虑到底是因为什么让你有了这种感觉。

工作中，你可能有时候会无法全心全意投入全部精力，造成这种现象的原因，一定有积极的也有消极的。所谓消极的原因，就是“我讨厌我的上司”“工作太无聊了”之类的感觉，但是，如果是因为这样的理由跳槽，那么跳槽之后你的工作也不会一帆风顺。

我在现在就职的公司里负责招聘工作。在招聘的时候，我会特别注意一点：你从上一家公司辞职（想要辞职）的理由是什么？如果对方回答说是因为讨厌原来的公司或者工作，那么我就需要尽可能多地了解他具体因为什么事情辞职，从而判断是否可以聘用他，为此我在面试时也费尽了心思。

但是，以我的经验，大部分习惯“逃跑”的人不论到了什么环境都不会有所改变。对于这样的人，需要改变的不是周围的环境，而是这个人本身。所以，当你觉得自己无法融入工作环境中而想要跳槽时，首先要沉下心来，深呼吸，仔细想想自己这样做是不是“逃跑”。千万不要成为职场上的“逃兵”。

突然觉得工作很讨厌

有时候，你会在某一瞬间突然觉得工作很烦，想要逃离出去。突然有这种想法，是因为你现在的工作场所并不是你追求自我成功的过程中会经历的场所。讨厌新来的领导，讨厌周围的同事，都会导致这种想法在瞬间爆发。

不过，在逃离之前，你需要认真考虑："我到底想成为什么样的人？我的目标是什么？""为了实现目标，在现在的环境中，真的没有可做的事了吗？"彻底检查一下是否已经没有需要自己去做的事情了。如果你不考虑这些就直接跳槽，那么到了新环境之后你还是会重复之前的生活，还是会有同样的感受。

在这本书里，我已经写了无数遍"首先要找到自己的目标"，这是一切成功的根本。我认为，甚至你每个周末都认真地想一遍自己的目标也不为过。还有一点比较重要，绝大多数时候，相较于普普通通地换一份工作，在原来的工作单位做出业绩、留下成果后再跳槽会更有助于未来的发展。因为它会增强你跳槽时的竞争力，证明你在之前的公司已经做到尽善尽美，没有可以施展拳脚的舞台了，所以才选择走向更大的舞台。当然，你也要知道，完美的工作不会从天而降，要靠自己的努力把工作变成完美的，这是一个追求成功的人应有的志向。

当然，上述内容并不是说让你长久地供职于一家公司，而是要强调跳槽不代表“逃跑”。如果你能确定自己不是“逃跑”，而是有足够积极的理由，那么一刻都不要停留，你应该用最快的速度奔向一个新天地。

那么，什么才是推动跳槽的积极理由呢？在下一部分中，我来告诉你。

推动你跳槽的积极的理由

让你断定自己应该跳槽的积极理由，简单说，就是为了自己的成长。

如果感到自己无法融入工作环境，仔细考虑后发现原因是“我在这家公司已经做了所有我能做的事，接下来就是不断地重复了”，那么你就应该毫不犹豫地跳槽了。换一个工作环境，再一次挖掘自己的潜力，拓宽自己的视野，锻炼自己的能力。

扩大跳槽目标的范围

跳槽的时机并不会按你的计划出现，比如说很多初入职场的人会计划“在这家公司工作三年积累经验，然后就跳槽”，但是跳槽的最好时机未必会在三年后出现。现在的世界瞬息万变，等待两年或者三年都是浪费时间，况且你计划好要在一年后去的公司，一年之内是否会倒闭都不能确定。所以，不要提前计划跳槽，“工作三年再跳槽”之类的想法其实都是在逃避问题。

考虑是否跳槽不应该以工作时间为标准，而应该看在现在的工作岗位上能否将新的知识活学活用，能否将新的经验传授给新人。在职场中，你要时刻保持积极的态度，坚持“尽最大可能让自己快速成长，为了走上更大的舞台而跳槽”。此时，你需要注意的是我在上一章里写到的“把选择面扩大，机会降临时拼死也要抓住”。不要束缚自己，觉得不是这家公司就不行，一定要把目标公司的范围扩大，一旦确定目标，就马上发起突击。

当然，将选择范围扩大的前提是，你自己本身要有很强的可塑性。无论是工作态度还是专业技能，都不能只适用于一家公司或者一个行业。所以，就像之前我提到过的，你必须要在日常工作中积累经验，并坚持读书，学习新技能；同时要注意，自己所积累的知识和经验应该是有普遍性的，可以应用到大部分公司或行业。

不要为自己作长期的职业规划

在这本书中我多次提到“世界充满了不确定性”。所以，不能拘泥于自己定下的长期职业规划。我从来都不会考虑“我会在这家公司工作几年”，现在依然不考虑这个问题。世界不断变化，与此同时你的视角也在不断改变，只要能够完成一个个短期目标，在机会降临的时候能够紧紧抓牢就好，不需要有一个长远的计划。但是，为了能抓住每一次机会，一定得毫不犹豫地坚持努力，做好准备。

如果你能一项项完成短期的目标，那么无论是你的视野还是你所掌握的技能，其范围都会不断地拓宽。同时，你能抓住的机会也会不断地增多。

比如，我在第一家公司做经营管理的时候，主动将自己的工作范围扩大。通过这一过程，我也掌握了相关的法律知识、商务英语能力以及销售经验等，使自己的专业知识领域进一步拓宽，给自己带来了更多的机遇。

尽全力努力，为机会的降临做好准备，这就足够了。如果在这一过程中你发现有一家公司与现在的公司相比更能让自己有所收获，那么就马上跳槽到那里。（当然，你也必须清楚，自己到底是不是“这山望着那山高”。）

2007 年，我从商学院毕业回国，选择进入现在的这家公司。之所以做出这样的选择，就是因为企业重组成为当时最热门的现象，而站在社会潮流最前端的咨询公司就是最好的选择。虽然当时这家公司刚刚成立，未来的一切都是未知数，但是我相信就是这样的公司才会有新的挑战、新的机遇。

在一个能让自己有所成长的工作环境里，必定会出现很多自己做不到的事情。特别是在大公司中，有很多自己无法掌控的事情，所以一定会有很多工作让你觉得已经拼尽了全力，到达了自己努力的极限。但是无论如何，你都不要轻视自己现在的工作，要时刻保有一颗谦虚的心，相信“我还有很多应该学的东西”，并一直坚持努力。

做好心理准备，因为你随时都有跳槽或者被开除的可能

无论是跳槽还是被开除，都不是不可能发生的事，所以要时刻做好心理准备，想清楚：“如果离开公司或者被公司开除，我该如何生活下去？”这也是这本书的主题“如何活出自我”的最根本的问题。所以，必须要勇敢正视它。

如果手头的工作太多，让你忙得不可开交，就容易导致你的视野变窄，只在乎眼前的这些工作而无暇顾及其他，从而忽略了这个问题。但是，无论多忙，你都应该抽出一点儿时间，退后一步来审视自己现在的工作，认真想想“现在的工作对我未来的发展有没有积极的意义”“如果换一个环境，我应该如何运用现在所积攒的经验”。

如何选择新的“战场”?

作为跳槽的具体事例，下面我介绍一下我自己跳槽的经历，告诉大家我为何要从最开始的 GDH 公司跳槽到之后的 MCJ 公司。

实际上，GDH 的创建人曾经在一家非常有名的咨询公司工作过，所以这家公司的高层领导大多是出身于咨询公司的人，他们都曾是某家咨询公司的咨询顾问，被 GDH 挖过来后成为高层。当时在大家跳槽的目标公司中，GDH 非常有名，经常有咨询公司的人来面试。因此，无论你在一线工作多么努力，都不会成为公司的高层领导。而且，在这样的人不断进入公司的同时，分工会越来越细，慢慢地我就感觉到自己负责的工作越来越具体，范围越来越狭窄。作为一家公司，GDH 的组织机构越来越完备，所以我感受到了强烈的危机感，因为一旦组织机构完备，那么我就没有机会去制定规则、积累经验，于是我决定更换“战场”。

这就是我跳槽的理由。当时，我马上就要晋升为课长，公司也刚刚由亏转盈，即将为员工们发放奖金，但是出于对自己未来的发展负责，我还是选择了离开。

选择能让自己学到更多知识的公司

离开之后，为了选择下一份工作，我开始搜集各个公司的信息，在这期间，刚好遇到了一位经常来 GDH 的证券公司营业员，从他那里听说了 MCJ 公司。据他说，MCJ 公司的创建人高中一毕业就选择了创业，是一位非常年轻有为的总经理，所以这家公司也的确是朝气蓬勃。但是与 GDH 相比，这家公司的组织结构还不够成熟，特别是财会部门极其不专业，顶多就是能算算收支总和的水平。

听到这样的消息，我开心极了，心想：“这不正是我理想的工作环境吗？而且一定能用到我的专业知识。”于是，我立刻跟这家公司取得了联系。见到了总经理，听到他说“以后想让公司上市，但是需要准备的事情太多，不知道能不能做到”后，我对这家公司更加感兴趣了。因为我知道，在同龄人中一定没有人有帮助一家公司成功上市的经验，所以如果我能做成，那么对我个人的成长来说，就是取得了一个质的飞跃。

我刚刚进入 MCJ 时，工作地点是春日部的一处简陋的房子，MCJ 就在那里生产电脑。公司里面连空调都没有，早上来到公司时，迎接我的常常是蟑螂。一段时间之后，我们搬去了秋叶原，在一栋楼顶上搭建了一个活动板房，就在那里办公，从此早上迎接我的就不再是蟑螂而变成了老鼠。

就是在这样的环境中，我与 MCJ 的总经理决定：开始着手准备公司具体的上市工作。之后我就进入了“上市工作一人准备室”，开始了我的工作。刚进入公司就承担了这样的任务，开始肯定不被大家看好，周围的人都说：“这家伙以为自己是谁啊，工作这么拼命。”但是这些都不重要，重要的是对于我来说来到 MCJ 公司要比留在 GDH 学到更多的东西，有更大的收获。

一定有人会认为：“与能学知识相比，应该选择待遇更好的地方吧。”我非常理解这种想法，但是你要知道，你现在拿这么高的薪水，很可能是因为你的公司比较有实力或者你所在的行业正处于强劲的发展势头中，而并非你个人能力的体现。

正确的观点应该是：掌握了新的知识和技能之后，金钱会随之而来的。特别是正在读这本书的各位、想要从现在开始有所建树的各位，一定要摒弃重视眼前利益的想法。

钱再多也不会成为你保护自己的“武器”，而能力则不同，从长远来看，能够保护自己、让自己在这个社会上立于不败之地的是你的能力和你所掌握的技能，这才是你可以长久依赖的“武器”，所以应该优先选择能够学习技能的地方。

选择能掌握主动权的公司

如果再加上一条准则的话，那就是，如果想尽快拥有属于自己的“英雄传说”，那么在现阶段你就应该选择在与自己能力相匹配的公司工作。

如果想在大公司里掌握主动权，那么一定程度上你需要拥有一定的能力和工作成果。如果你既没有完全掌握某种技能，又没有可以令人刮目相看的工作业绩，那么你就很容易成为团队里的小齿轮，只能被周围的人带着转动，而没有自己的主动权。

所以，先不要顾及自己的面子，也不要考虑工资待遇，选择一家能够掌握主动权的公司，选择一个能够让自己跟随自己内心所想而工作的环境。

当然，我并不是建议你一定要选择初创公司，在大公司工作也有可能会比在初创公司工作得到更加丰富的经验。

初创公司和大公司，哪一个会让自己有所成长？

是大公司更能让人快速成长，还是初创公司更能锻炼个人能力？

这是大家经常讨论的话题。

在仔细分析之前，我先给出结论：无论哪个都应该能让你有所成长，但是，成长方式却完全不同。

有一个事实我们不得不承认：世界上绝大多数成功人士都是出身于大公司。为什么会这样，因为大公司工资高、待遇好，可以学习的知识更多、更完善，跳槽的先例也足够多，所以大公司确实为职场人士提供了更好的平台。相比较之下，由于初创公司的成功人士都集中在某一领域，所以人数终归还是很少。但是，就成长和取得成功的速度来看，出身于初创公司的人却占了上风。在初创公司里工作，如果顺利的话，短时期内你的头衔和能力都会快速地上升。所以对于某些人来说，在初创公司工作的确比在大公司工作成长更快。

简单来说，你只需要决定：选择中等风险中等收益的大公司还是选择高风险高收益的初创公司。虽然我选择了后者，但并不代表初创公司才是正确选项，这只是个人喜好而已，没有对错之分。

不过要清楚，在大公司工作的人和在初创公司工作的人，工作环境大不相同，所以不应该将现状进行横向比较。因为决定现状的因素是自身的努力和周围的环境，二者缺一不可。

如果要比较，就应该比较脱离现有环境后两个人分别能取得什么样的成果。因此，一定要注重培养可以用于任何行业的经验和技能，这样才能在更大的舞台上取得成功。

是选择坐车旅行，还是选择独自骑行？

在大公司工作和在初创公司工作，其工作方法和心态都是不同的。比如职场大叔们喜欢挂在嘴上的“水滴石穿”，就是典型的大公司职员的心态。

在大公司工作，想要综观全局、对自己所处的位置有准确的判断，是需要时间的；掌握真正意义上的知识和经验也不是一时半会儿就可以完成的，所以就需要你有耐心、坐得住。

但是，在初创公司工作却完全不同。如果你一直毫无行动的话，不光是自己，也许连整个公司都可能会陷入危机。所以，你必须要清楚地看到公司未来的走向，同时也要能预见自己在接下来几个月内的成长。

也许我的说法有些极端，但事实的确如此：在已经陷入破产危机的公司里，即便有可以学习的东西也不能去学。所以，你要有敏锐的洞察力来判断你所供职的公司是一家真正在成长的初创公司还是一家苟延残喘的中小型企业。

还有，在初创公司你要有心理准备，初创公司的工作不会像大公司一样稳定，很可能在几天之内你就会被开除。实际上，我在之前的公司工作的时候，也确实在一周内开除了一位从大公司跳槽过来的人。初创公司没有完善的培训制度，所以无论是工作的内容还是与工作相关的知识都需要你自己主动去学习。如果你一直处于被动，在初创公司里是不能胜任任何职务的。从某种意义上说，在初创公司工作，你要有心理准备，一定要确定职员成长的速度大于公司成长的速度才行。

如果将大公司的工作比作大家提前决定好路线和目的地，一同乘车前往的旅行，那么初创公司的工作就是一个人在自己选择的路线上骑单车旅行。所以，对于这两种不同的情况，要有不同的心态。

社会地位和机遇，二者不可兼得

其实，不论选择大公司还是选择初创公司，找到自己的目标后，选择适合自己的才是最重要的。而那些没有自己想法、习惯随波逐流的人，无论选择什么，都不会有所收获。

其实，大公司或初创公司就像一个独立的小世界，你需要考虑的问题是：如果离开了这个小世界，自己的能力能发挥到什么程度？在哪一个世界生存更适合培养自己的能力？

比如说，如果你比较被动，希望公司或者团队已经制定好一些规则或者有不成文的规定可参照执行，那么你就更适合选择大公司；如果你喜欢独自完成工作，喜欢有风险够刺激的生活，那么你就更适合选择初创公司。

安定的工作和成功的速度，企业的知名度和更多展现自我的机会，就像鱼和熊掌，不可兼得。

如何在初创公司实现自我成长?

如果想锻炼自己，那么初创公司绝对是个绝佳的选择。在初创公司工作，只要你坚持努力，一定会有不一样的收获，让自己在职场竞争中拥有压倒性的优势。当然，你也要有心理准备，初创公司的特点就是工作忙、任务重、压力大。

新入职的应届毕业生在初创公司取得成功的凤毛麟角，从大公司跳槽过来的人中倒是时不时有几个成功的案例，而从初创公司跳槽到大公司或者跳槽到其他行业工作的人却很少能取得成功。为何如此？因为在初创公司经过历练获得成功的人，很难将成功一直保持下去，他们大多是昙花一现的成功者。而且，初创公司所取得的成功往往就被归结为有经验、有名望的那一小撮人的成功，而很多职员付出了心血却没有得到应有的回报，因此牢骚满腹。在初创公司，处处可见四十多岁的打工仔，或者工作了十年也没有得到晋升的人。有些人在公司里工作了很多年，却在某一天突然被大公司跳槽来的新人夺走了位置，这也是常有的事。但是，不必觉得不公平，在初创公司工作，如果你个人的成长速度跟不上公司的成长速度，那么你的位置被新来的人才所取代也是自然而然的事。

初创公司里尽是低头蛮干的人

为什么出身于初创公司的人很难取得成功？因

为初创公司里真正做到独立思考的人很少。

在初创公司的环境里，的确很容易就能拥有突破自我的经历，但是这种经历应该是你有心去创造的，而不是“因为是初创公司，所以不管怎样都能有这样的经历”。

很多人觉得既然是初创公司，那么这里的每一个员工都会很有创造力，其实不然。在我看来，初创公司的运行模式就是一小撮人充当智囊团，而大部分人只是保证公司运行的齿轮而已（或者说更像拉车的马，从不思考，只顾按照驾车人的意愿前行）。初创公司的员工互相之间都处于竞争状态，一旦你停止转动，马上就会被替换掉。

所以，在这本书里我也多次提到，在初创公司工作，你必须比别人更积极、更主动、更努力，否则你就会忙于周围涌来的工作，根本没有机会让自己有所收获、有所成长，最后以失败告终。

如何使自己掌握的技能具有普遍性？

初创公司出身的人不易成功的另一个原因是，以工作忙为借口，疏于培养自己的能力，缺少可以应用于其他行业的技能。

在培训体系不够完善的初创公司，很容易成为井底之蛙。由于工作方式极富个人色彩，好不容易掌握的技能极有可能成为只能在这家公司或者在这个行业内应用的技能。所以，为了让自己的工作方式更具有普遍性，可以适应更多的工作环境和行业，你应该多读书，不断地学习掌握新知识。这不仅是在初创公司工作必备的素质，也是为自己的未来之路保驾护航的有效武器。

当然，不管是不是在初创公司，如果一直以被动的态度工作，不注重锻炼自己的能力，那么不论什么时机到来，你都不可能成功跳槽（特别是初创公司出身的人，由于与大公司出身的人背景不同，很有可能连面试机会都得不到），继而成为和绝大多数公司职员一样的人，只能紧紧抱住公司的大腿，毫无自主性，哪儿也去不了。如此一来，福利待遇较好的大公司的数量一定会增加，而没什么实力的中小型初创公司就会身陷危机了。

但是，如果你想改变现状，或者想改变自己周围的环境，那么你就很有必要去初创公司试试看。

在那里，如果你真的付出努力，一定会比在大公司里成长得更快。而且，如果你真的确定了自己的目标，那么我相信你一定会有坚持下去的毅力。

在大公司工作的风险

之前我写到了在初创公司工作的辛苦和你必须要达到的努力程度。那么，是不是公司越大，工作起来就越轻松呢？答案显然是否定的。这并不是因为无论什么公司，该倒闭还是会倒闭，而是因为在大公司工作，你会一定程度地丧失自主性。所以在大公司工作，一定要注意，你自己的生活方式和所掌握的技能很容易受公司的控制，即便是参加培训学习新技能，也会被公司认为是为了能够更好地为公司作贡献而必须掌握的技能。

在这种环境中工作，会让自己在不知不觉中变成最适应本公司发展的人，所掌握的知识和技能也只适用于这一家公司，没有了可以应对各行业问题的能力。正因为如此，在大公司工作，更需要清晰地确立自己的目标，有意识地锻炼自己的能力，让自己不仅能在现在的公司中如鱼得水，即便是以后跳槽到其他行业，遇到问题时依然可以迎刃而解。

你必须清楚地认识到，公司的名声再大、影响力再深，也会有消失的那一天，而永远伴随你的只有你能够运用自如的能力和矢志不渝的决心。

能否利用公司里的各种条件实现个人的成长

在上一部分我提到过，一般被称作“成功人士”的人大部分出自于大公司。

如果你有机会亲自听听这些人的成功经历的话，你就会发现，他们全都是积极主动的人，没有一位是有意愿实现个人成长却被动地严格按照公司的方针政策去完成工作的人。而且，他们不仅自己主动，还能带动上司和周围的人与他一起努力。在大企业工作，一样会遇到能够让自己成长的挑战，比如新项目的海外发展、业务推广等，有很多可以让你积攒经验的机会。

他们之所以选择在大公司就职，并不是因为工作稳定，而是因为在这里可以通过各种各样的挑战来实现个人的成长。这一想法同样也适用于想要在初创公司取得成功的人。

通过观察周围来自大公司的同事，我发现，在大公司工作的人中，最后能够成功的都是善于利用公司的条件来帮助自己成长的人。可以说他们是“身在福中不知福”的人，本来有着相对稳定的工作，却偏偏不想要波澜不惊的生活。在“爱折腾”这一点上，我想身在初创公司的我与他们是一样的。想在大公司里实现个人成长的人，就应该毫不犹豫地利用公司的各种便利条件和资源，以此来寻找到可以让自己有所收获、有所成长的方法。不管是公司的各种基础设施，还是公司的名气，抑或是公司的各种资源，用尽一切可以利用的条件来帮助自己成长。就算偶尔犯错，也不应该放弃努力，成为公司的“私有仆人”。

不过，正是因为大企业规模庞大，反而在某些方面会有束缚。比如作决定的时间较长、注重先例和惯例、喜欢论资排辈、晋升要根据资历等，这些是大公司的通病。之所以不断有大公司的优秀人才跳槽到外企或者初创公司，也可能是因为他们无法容忍这些束缚吧。

在跳槽的时候，尽管个人能力不相上下，但出身于大公司的人比出身于初创公司的人更有优势。这和应届毕业生找工作时的名校优势一样，正因为如此，在初创公司工作的人如果想要成功，就应该更加努力地书写属于自己的“英雄传说”。

所以，作为一位职场人，你必须要有只能依靠自己的态度，无论是工作业绩还是掌握各种能力，都只能靠自己来实现。而且，一旦做出决定就要马上行动，一鼓作气，再而衰，三而竭。

说到底，公司不过就是盛满职场人的大容器

在这之前，我一直都在讲述大公司和初创公司的区别。

但是，无论是大公司还是初创公司，能够利用大公司的资源和名气与在初创公司里积攒宝贵的工作经验的前提，都是你能有属于自己的目标并且为之不懈奋斗。同时，切记无论身处哪个环境，都不能随波逐流。

能够成功的人，无论在哪种环境中，都能积极主动地思考如何利用公司的资源帮助自己成长。我个人选择了初创公司，是因为考虑到学校、学历等条件，这是我必然的选择。而且，事实证明这个选择的结果也是不错的，所以我会向做好心理准备的人强烈推荐初创公司。当然，我还要再次强调，这绝不代表在大公司你就不能有所收获、有所成长。

重要的是，你要通过认真思考自己所掌握的技能、所创造的业绩和脾气秉性来判断自己到底适合哪里，而不是受社会大潮流的影响或者盲目听从别人的建议。

不管是大公司还是初创公司，都只不过是一个盛满职场人的大容器而已。重要的不是选择哪个容器，而是如何利用好容器里面的资源。

偶尔也需要“爱慕虚荣”

这本书里反复叙述了活出自我的生活态度，但是如果招聘公司喜欢看重你的头衔或者名气，那么偶尔追求一下这些表面的东西也未尝不可。

就因为没由来地讨厌看重头衔、名气这些表面东西的人，所以你觉得即便自己从来不注重这些，也可以靠自己的能力走遍各大公司，但实际上这种情况根本不合情理。

不管是某个头衔、某种资格证书，还是能让你名声大噪的经历，如果它们能让你更快捷地实现自己的目标，那么就应该毫不犹豫地去斩获，此时“爱慕虚荣”也是合情合理的。只要是能够得到的，都要去努力争取。因为这些会让初次见面的人更容易了解你的能力和你所掌握的技能。某所名校的MBA也好，持有某项资格证书也好，只要是能够证明自己能力的东西，努力获得并不会有任何损失。

学会判断让自己去“镀金”的时机

我现在持有三种财会方面的美国认证资格证书：CMA（美国注册管理会计师）、CFM（美国注册财务管理师）和CTP（国际财资管理师）。之后我会详细介绍每一种资格证书具体有什么作用，但是不管怎样，乍一看，你一定会觉得我是一个很厉害的人吧。

在你的职业生涯中，这种让人觉得你“很厉害”“很牛”的印象非常重要。

上文中提到的三种资格证书，有两种是在MCJ上市之前考取的，另外一种是在上市之后马上考取的。对于我来说，考取这三种资格证书不仅是能力的证明，更是给其他公司的一剂定心丸。

在进入MCJ时，我只有25岁，所以每次与合作公司的代表见面时，他们都会质疑：“这个人这么年轻，能行吗？”进而内心充满不安。我自己虽然根本没意识到，但是当时我可能是所有上市公司里最年轻的职员了。所以，为了让对方放心，我觉得有必要通过某种简单易懂的方式来证明我的能力，于是我决定去考取资格证书。而且，公司在接受上市审查的过程中，其中一项审查内容是要求业绩管理负责人必须要持有相关的资格认定证书，所以我的资格证书也起到了很大的作用。

当然，仅有资格证书或者头衔是不行的。

如果你到了30岁，除了各种资格证书外没有任何东西可以证明你的能力，那么别人就会认为你在工作中没有任何业绩，只能靠资格证书来装饰自己的职业生涯。最迟到30岁，你一定要通过工作业绩来证明自己的能力，而非各种资格证书。

而当工作业绩也不足以取胜的时候，你就应该知道该让自己去“镀金”了。如果在实现自己目标的过程中发现自己需要进一步系统学习某个方面的专业知识，那么不要犹豫，马上行动，继续学业，为自己“镀金”。

对于找工作的应届毕业生来说，学校多多少少会影响别人对他的第一印象。而工作一段时间后，到了二十五六岁再向别人介绍自己时如果能说“我有××资格证书”，就好像自己身上披上了华丽的铠甲。但是，也就仅此而已，所以不必过分追求这些东西，偶尔可以“爱慕虚荣”，但也应该适可而止。

通过考取研究生进入更好的学校无可非议

上一章中我提到，在 MCJ 成功上市的那天晚上，我就开始做准备去国外的商学院留学了。

选择去留学的理由首先是，对于工作方式和方法，我始终都是按照自己想的去做，我想总结一下我的经验并了解我所掌握的知识和经验是否（在全世界）适用于任何行业。其次，我希望通过留学让自己放松放松。在这之前我一直保持高强度工作，所以我希望通过留学强制自己停下来，休息的同时也有时间冷静思考。再次，虽然不是很确定，但我一直认为，读商学院在欧美的精英看来就是常识。所以，如果要让自己走向世界的大舞台，那么未来的某一刻，一定会用到 MBA 这一学位。最后，对于我来说也是最重要的一点，就是 MBA 能带给我的“声誉”。虽然只有 26 岁，但我已经拥有了“上市公司职员”的头衔，尽管如此，我仍然会因为自己的学历不高、学校不好而感到自卑。所以，我无比渴望拥有可以向所有人证明我能力的“声誉”。我希望自己能有一个可以在全世界都通用的“最高头衔”。

因此，在准备之初，我就将目标定在剑桥大学 MBA 和哈佛大学 MBA 中的一个。后来我同时收到了这两所学校的录取通知书，但几经考量，最终选择了剑桥大学。附带说一下，两所大学的商学院都是一年制的。

当今社会，有很多人会嘲笑通过读研究生而进入更好的大学的人，但是我觉得这一途径无可厚非，这也是优秀的表现。只要尽其所能取得最后的胜利，那就是正确的选择。如果是我，我会骄傲地说："是，我就是为了能上更好的大学才选择去读研，那又怎样？"

当你拿到更高的学位，进入更好的大学继续深造之后，你会发现，其实这些改变对于你的职业生涯起不到决定性的作用。但是，在我看来，至少能让我更加自信，让我在海外工作遇到同样是 MBA 的合作伙伴时，有更多的共同话题。

但是，就我个人的经验而言，如果那些头衔或者各种资格证书可以让你的心境有所改变，那么就不要坚持认为那些都是毫无用处的东西，大大方方地去追求它反而会更好。这种追求最后就是图个自我满足，就算上了年纪后会后悔当初的决定，但是至少当初能够说做就做，“言必信，行必果”不也可以是你的长处之一吗？

梦想和金钱是可以兼得的

梦想和金钱经常被人比喻成鱼和熊掌，不可兼得。也就是说，追寻梦想的同时就不能保证生活，而为了生活就必须要抛弃梦想。梦想和现实生活是否可以兼得，成为当今流行的讨论话题。

但是，这种想法实在是太简单、太幼稚。在我看来，这不过是那些“墙头草”为了将自己的状态合理化而使用的借口罢了。因此，这种观点毫无依据。

可以说，保证正常的生活与追寻自己的梦想这两件事毫无矛盾，完全可以并存。

合理利用闲暇时间，填补经济上的不足

如果你想做的工作或者与你梦想相关的工作并不能给你带来经济上的利益，那么你可以用其他方式来弥补这个缺失。

你可以选择同时做两份工作：一份可以实现梦想，但薪水微薄；另一份与梦想无关，但待遇丰厚。如果你对于想做的工作真的是发自内心的喜爱，那么不管多么困难，你都不会放弃。同时，为了防止生活陷入困境，你可以选择一份别的工作，通过这份收入来保证正常的生活。

作为一名公司职员，你每周都有两天休息日，每年包括节假日在内可以休息 120 天左右，况且，没有人规定你必须休满所有的假期。如果你找一份时薪比较高的工作，利用这些休息日去打工，那么一个月也可以赚到十几万日元。与其在休息日花些不该花的钱，不如利用那些时间去赚钱。比如，在餐馆这样的地方做饭，不仅可以有工资收入，还可以节省一部分餐费，因为几乎所有餐馆都会为员工提供工作餐。而且，团队合作少、大部分时间靠自

己的工作更能让你学到知识、积累经验。

有些公司禁止员工去做副业，但是薪水极低的公司一般不会有这种规定，而且最近越来越多的公司允许员工去搞副业。

上学的时候，很多人都在周末打工，这样看来，上班之后利用周末和节假日再做一份工作也并不是不可行。

关键还是取决于你自己，你的决心到底有多坚定。

如果你最终选择了放弃，那么只能说你不是从心底想做这份工作；如果真的想做，那么你一定会想尽一切办法做到。

之前我也说过，对于任何一件事情，你都要把它分成自己能改变的和自己不能改变的两部分看待。对于能改变的部分，要尽全力去改变。而如何利用你的业余时间，就是你可以改变的因素中最具代表性的一个。你可以在这上面下功夫，虽然人人每天都有 24 小时，但是如何分配就是自己的事情了，所以你应该在分配时间上下足功夫，合理分配，不浪费一分一秒。而且在当今这个时代，副业的选择也是多种多样的。一定要认真去选择，作为物质生活的保障，你有必要在这上面多花些时间和精力。

但是，不能成为“永远的追梦人”

追寻梦想固然重要，但是给这样的生活定一个期限也很重要。五年，抑或十年，总之先给自己确定一个期限，然后再去为梦想放手一搏。

不能执着于追求梦想，使自己甚至家庭的生活状态永远处于崩溃的边缘。一旦你发现生活继续这样下去其实没什么意义，那就立刻从这种状态中撤退，开始认真考虑是不是有其他的方式。

是否能够成为“想成为的自己”，取决于你想成为的样子能否在这个世界上存在，虽然这个说法有些极端，但事实的确如此。而能否存在是要靠自己的努力去证明的。所以，如果努力的结果是证明“想成为的自己”根本不可能存在，那么很遗憾，你只能改变前行的方向了。

因此，尽管付出了努力却没有任何回报的时候，你应该停下来，问问自己：“是应该改变方式方法，还是自己的目标本身就不合理。”如果你不这样做，而是坚持以自己的方式努力，那么你最后会毫无所获。

我已经说过很多次了，找到正确的努力方向非常重要。所以在努力的过程中，你要时不时地停下来，冷静地检查一下自己是否还行驶在正确的方向上。掌控你人生方向的人只有你自己，什么时候该给油、什么时候踩刹车、什么时候该转向都由你自己决定，所以一定要认真考虑，为自己选择正确的路线。

通往成功的路上应该如何判断“这里行不通”不可一概而论，因为每个人的目标和身处的环境都各不相同。如果一定要说的话，那应该是“你的努力程度已经让你问心无愧，但仍然有行不通的时候”吧。想要自己找到这样的感觉，就要学会偶尔停下来，认真思考，冷静判断。

第四章　为了成功逆袭，要学会如何与人打交道

在这一章，我会为你解答如下问题：

- 我总是在意别人的看法，怎么办？
- 我不想去参加公司同事的聚餐，怎么办？
- 一起工作的同事态度不认真，怎么办？
- 上司不负责任，怎么办？
- 朋友太少，没什么人脉，怎么办？

别人都是配角

在这一章中，我想和你一起探讨如何与别人相处。

首先，你必须要知道，与别人相处的原则是记住别人永远是配角。当然，与之相应的就是，你永远都是主角。夸张点儿说，人生就是为自己而活。但是，这并不代表你可以轻视别人，只是告诉你不要轻易地受周围的人和环境的影响。

不要让“周围的人会怎么看我”成为你行动的基准

首先，你要做到不要把别人对你的看法当做你行动的基准。只要你不会为自己的行为感到羞愧，那么别人也不会觉得你不成体统。假设别人真的觉得你的行为不妥，那也没关系，你就当做这是他的个人观点，不必理睬。

其实，在拼尽全力努力的过程中，你根本无暇顾及别人对你的看法。

以我的经验看来，越是经营状况不好、形势比较严峻的公司，其员工越在意别人对自己的看法。比如说，如果周围的人都在加班，那么即便自己的工作已经完成了，也不会离开公司，而是和其他人一样留在公司里加班，磨磨蹭蹭地继续工作，也有人会假装去洗手间，趁机离开公司，但不管怎样，这些都是毫无意义的行为。

如果你早早地完成了工作，那么就早早地下班回家。与其留在那里偷看别人的表情，不如早点回家学习。而且我相信，后者一定会更有利于公司的发展。如果无论如何一定要留下一起加班，那么我建议你拿本书，充分利用这个时间多学点知识，总比观察别人脸色要好。

总之，你没有必要浪费自己宝贵的时间去讨好上司和同事。

首要问题是弄清楚“自己要做什么”

有些人看到别人早早地完成了工作，就会抱怨：“分配给我的工作比他的难多了。”这也就是以别人为标准来判断自己的得失。

判断自己工作的时候，你需要考虑的是“对我来说，这份工作到底如何”“通过这份工作，我能学到什么”，而不是在意与别人相比，自己是不是吃了亏。

我看到别人的工作状态时，从来不去想“他连这样的工作都能做，真是太让人羡慕了”或者“那个家伙每天就知道玩，什么都不干”，因为我知道能让工作顺利进行的人，一定是因为他付出了努力，而看起来偷懒不工作的人，实际上也一定有自己的原因。把精力放在观察别人的工作状态上完全是浪费。

有的人总觉得“上司不好”“这个公司也不好”，最后甚至觉得“整个社会都不好”。如果你觉得这个世界并没有你想象中的那么美好，你就应该尽可能地努力去改变它，而不是每天不停地抱怨。这和觉得“现在的首相根本不行”却又不去参加投票的人有何区别？

所以，不要为了批判而批判，这是毫无意义的。重要的是，要知道自己应该如何去做。自己工作进行得不顺利就把原因归在别人身上，让别人来当替罪羊，这种做法不会让你有任何收获。

礼节是必不可少的

其实，当你自己没有掌握什么令人刮目相看的技能时，即便你很在意，你也无法改变别人的看法。因为在这一阶段，周围的人其实根本就没有把你当做强有力的竞争对手，而你是否在意对于他们来说毫无影响。所以，就算要在意别人的目光，至少也要等到自己能对周围的人有一定影响的时候再去在意吧。我就是这样，在有一定的业绩或走上理想的职位之前，我没有空去理会别人到底怎么看我。但是，一旦升到了一定的职位，你就要注意避免引起不必要的摩擦。当时我年纪轻轻就坐到了领导的位置上，所以一直小心翼翼地注意自己的言行和礼节。比如，我说话时会特别注意措辞，一起打车时也会主动坐到副驾的位置上。

与别人共事的过程中，礼节是必不可少的。但是“当周围的人都在加班的时候自己也应该留下来加班”这种礼节根本不存在。你也有自己的生活，不要为了讨好别人而成为公司的“私有仆人”。

不要在公司拉帮结伙

有些人极力强调参加公司聚餐、互相交换名片积攒人脉的重要性。但是我认为，这些完全不重要。这种“结交”的方式，之前我也稍微提到过，是被真正的职场达人所唾弃的。特别是那些极其注重积攒人脉的人，大多数要么是只了解精英世界的富家公子哥，要么是与其完全相反的极易受周围影响的“墙头草”。前者的普遍观点是：“我是一个有利用价值的人，所以我也要认识有利用价值的人。”这是只存在于所谓的精英世界中的俗不可耐的观点。而后者的观点当然就是：“别人都说人脉很重要，不管怎样，我先积攒着，万一哪天能用到呢？”这是“墙头草”经常会有的观点。

如果你一直这样把自己的未来寄托在别人身上，那么你永远都不会有属于自己的工作方式，也永远都不会活出自我。

不要毫无目的地加深同事之间的感情

当然，在工作中与别人一起合作，会让工作进行得更加顺利。而且在某些场合中，这种合作也是必不可少的。但是，切记不要抱着结交朋友的目的去合作。

日本的大学大多与国外的大学有合作项目，只要交了学费，就可以免费去国外大学交换留学。我上大学的时候曾在华盛顿学院留学数月。因为我留学的主要目的是锻炼自己的英语能力，并使用英语学习一些商务知识，所以在留学的过程中，我有意识地避开日本人，而只和美国人交流。几个月后，我的英语能力的确有了很大的提升。但是，有很多在海外留学多年的学生，回国的时候甚至都无法流利地使用英语。这就是因为他们在国外“结交”了很多日本人。

我这里所谓的“结交”，是指把聚会本身当做目的的行为。

不管是留学还是工作，只有那些没有意识到要活出自我的人，才会在没有人在身边时有强烈的不安感，进而去“结交”朋友。

在公司中，只注重建立人际关系，为了搞好关系而拼尽全力的人，与出国留学却连英语都没学会的学生一样，都是把时间浪费在了毫无意义的事情上，而没给自己带来任何成果。职场就是工作的地方，只要是工作，就没有必要毫无目的地加深与别人之间的感情。在职场中，就应该心无杂念，集中精力完成自己的工作，因为你的境遇发生戏剧性的逆转根本不可能是因为人际关系。

在职场中，评价一个人说“这人不错”并不是说他的性格有多好，而是说他是一个能够出色完成任务的人。不能完成工作的人都是不顶用的人，无论长相是否出众、性格是否可爱，只会是给人带来麻烦的人。

物以类聚，人以群分

有人认为，自己所在的公司或者部门以及自己的职位就是自己身份的象征。可是如果退后一步认真观察，就会发现，其实他什么都没有。可就是这样的人经常会说："我认识×××。""我和×××关系特别好。"（其实大多数是只有一面之缘或者偶尔在同一个地方见过几次面的人。）

但是在旁人看来，这就是毫无意义的吹嘘，和现在常发生的电话欺诈没什么区别，聪明的听者一般都会想："要真是这样的话，你就别在这夸夸其谈了，直接把我引荐给那个人就得了。"只有"墙头草"才会对这样的人和这样的话感兴趣，因为他们喜欢建立所谓的"人脉"，认为现在"结交"了有用之人，之后一定会有大用途。其实，这不仅是个无情无义的做法，更是个大错特错的做法。因为你根本不可能通过这种“结交”认识那些有一定成就的成功人士，即使认识了，他们也不会真的把你当做朋友。

没有实力的人，即便是积攒人脉，也只能积攒到和自己水平相当、和自己烦恼相同的人脉。最终，所谓的人脉也只能和你在一起讨论你们共同的烦恼，感慨“你也是这样啊”，并以此来互相安慰。

特别是年轻人，你们的熟人或者朋友大部分都是既无经验又无知识的同龄人，和你水平相当，并且都是根本不可以帮你做出决断的人，所以也不会给你太多正能量进而影响你的人生。这样的人无论你认识多少，都不会帮你解决问题。

物以类聚，人以群分。如果你没有任何个人魅力，那么你就不会认识有个人魅力的人。只要你稍加考虑，知道“自己到底想要认识什么样的人”，你就会明白这个道理。

基本上你周围人的水平和你的工作水平是成正比的。如果你感觉周围净是些低水平的人，那么你首先要做的就是提升自己的个人能力。

每天努力工作，创造属于自己的“英雄传说”，回家之后马上开始学习，这些事情会比参加交流会更能有效地拓宽你的人脉。

不要参加公司的聚餐

公司的聚餐也不要参加了，那也是毫无意义的。

步入职场后，你可能会经常听到“不喝酒就无法推心置腹地聊天”之类的话，但是这种话只是那些无法自己独立思考的人为了喝酒而找的借口而已。我从来没听说过谁通过喝酒解决掉了工作中的问题，工作上的事自然只有在工作中才能解决。就算你认为在酒场中能和周围的人搞好关系，从而帮你解决问题，但是第二天如果某一环节出现不同，那么同样的问题就会卷土重来。再加上宿醉会使工作效率低下，会让本来就一筹莫展的工作雪上加霜。

那么，所谓“不喝酒就无法推心置腹地聊天”，又该如何看待呢？

我觉得，作为同事，每天我们至少都有八小时的相处时间，占到了一天的三分之一，如果这样的关系还需要靠酒力来推心置腹地说心里话，岂不是更奇怪吗？

我可不想与这样的人成为同事，这种人已经丧失了基本的沟通能力，不配做一名职场人。

不敢拒绝劝酒的人不是合格的职场人

在下班之后同事聚会的酒席上，经常会有人以“今天就让我畅所欲言”开头，开始长篇大论地教导。用醉醺醺的头脑组织起来的已经支离破碎的长篇大论去教育其他人。这根本就是在浪费别人的时间，真是不知道这种人到底是怎么想的。

既然是工作中需要注意的事，那就应该工作时间说。

可能你会觉得，耐下性子听这种毫无意义的教导，也是对自己的一种磨炼。但是，平时都不会对你说出心里话的人，突然在酒桌上对你敞开心扉，畅所欲言，你会相信他吗？即便他告诉你“你应该这么做……”，你也不会信吧，甚至还会想“你知道什么呀”。

在我看来，职场中不敢对别人说出真实想法的人都不是合格的职场人。

如果每天都在一起工作的同事说的每一句话，你都要考虑“这是不是他的真心话”，那你还怎么和这个人相处下去？要是这样，那我宁愿选择严厉、刻板但却能想到什么说什么、说话从不拐弯抹角的人共事，或许与这种人一起工作会更有利于工作的进行。

在职场中不敢说真心话，这对于追求个人成功的人来说是个非常严重的问题。真心话不敢说出口，是因为处在这个工作环境中的你根本就不是原本的你。如果不改善这种状况，那么你怎么能真正地活出自我、追求成功呢？

成为周五晚上送走同事的人

我从来不参加公司同事的聚餐。我从踏入社会的第一年的第一个饭局开始，就果断地拒绝了这样的活动。

如果你也不想参加这种聚餐，那么我建议你尽早表明自己的态度。给大家留下不参加聚餐的人的印象越早，你之后的压力就越小。可能最开始拒绝的时候需要一定的勇气，但是不必担心，没什么大不了。在这之后，如果你的工作做得不好，那么你也只不过是会被大家当做一个不好相处的人；但如果你工作完成得非常出色，大家就会认为你虽然不怎么好相处，但是却能把工作完成得漂漂亮亮。

当然，你也可以用其他的方法改变别人对你的不好相处的印象。比如，周五晚上大家都去聚餐的时候，你可以把同事的工作接过来，然后对他说："你去吧，之后的工作我来做。"这时，你一定会发现，周围的人看你的目光都不一样了。我就经常这样做，为了能够不浪费一分一秒，多工作、多学习，我常常一边对同事说"放心吧，周一早上一定第一个向你汇报"，一边把他们送出门。每次大家都在喝酒的时候我在工作，内心就会抑制不住喜悦和兴奋，因为他们在微微削减自己能力的时候，我却一直有所收获，这让我非常有成就感。

在我看来，同事间下班后的聚会是既浪费精力又浪费金钱的事情。在放弃参加这种聚会的那一刻就注定我会胜利。而且如果合理利用这段时间，还会进一步拉大我们之间的差距。

当然，一定有人一边参加聚会，一边在心里抱怨“真是费财费力”。那么，何不试试成为周五晚上送同事出门的人呢？这样不仅可以更快地完成工作，而且如果坚持下去，你慢慢地就会成为公司里不可替代的人，也就能在职场中完全掌握主动权。

喝酒不能解决任何问题，借酒消愁也是不现实的事。喝酒是一件既花费时间又花费金钱的事情，所以如果一定要去的话，那就只和那些一流的人才一起去。三四十岁之后仍然可以喝酒，但是锻炼自己作为职场人最基本的能力却只能在二十几岁的时候做。如果你现在是二十几岁的年轻人，你根本没有必要和那些没有业绩想要借酒消愁的中老年人搞好关系。要清楚自己生活中各种事情的优先级别。

再进一步说，不要说一些冠冕堂皇的奉承话。我从来没有对任何人说过任何奉承的话，而且这不仅对我的晋升毫无影响，还让我在所有工作过的地方都成为最年轻的领导层。说话不拐弯抹角，认真努力完成工作，只要能做到这两点，其他事情你都可以不去在意。

关于学习，我曾说过，养成一种好的习惯比什么都重要。在这里，我想再次强调，不光要养成知道自己该做什么的习惯，更应该养成知道自己不该做什么的习惯，同时也要让周围的人尽早知道你的想法，从而尽快地接受你的决定。这样一来，你不仅会领先别人一大步，而且也不用绞尽脑汁思考怎么编造借口拒绝参加聚餐了。

如此有百利而无一害的事情，你一定要试试看。

没有能力的上司和同事反而会给你带来更多的机会

我经常听到有人抱怨“上司太无能了，根本就是在瞎指挥乱安排”或者“同事根本就不好好工作”。其实，这种情况本身就是绝佳的机会。当你周围的人都不能为整个团队做出贡献的时候，正是你随随便便就能获得胜利的绝佳时机。

我觉得我之所以能有今天的成就，就是因为年轻的时候我的上司对我采取“放养”式的管理模式。如果我遇到的是一个喜欢对下属工作指指点点的上司，或者是一个事无巨细都要做出指示的上司，那我可能也会成为团队中一个无足轻重的小齿轮。

有的上司可能并不了解具体的工作内容，却喜欢对下属的工作指手画脚。遇到这种上司，只要你能拼命工作，比他更努力，那么渐渐地他就不会再对你随随便便地指手画脚了。如果事情顺利的话，说不定上司还会因为太有压力而选择离开公司。这样的事例不是没有，至少我就知道几个。

成为能够带动整个团队前行的人

从你个人的成长考虑，最好的上司就是能对你说“这个就交给你了”的上司，也就是说，能让你用自己的方法从零开始完成你的工作。只是，为了能让这份工作给你带来成长，你需要多学多想多反思，积累知识，总结经验。

之前说过多次，如果想保证个人的成长，那么在团队中工作时成为规则制定者就显得极为重要。公司中的工作大多是让某人去做一项必须要完成的工作。如果将这份工作比作馅饼，那么选择让谁去做就是一场“馅饼争夺战”。如果你周围都是懒惰的人，那么你就有更多的机会抢到“馅饼”；反之，如果你周围都是勤奋的人，那么你就很难得到可以做出业绩的工作机会，当然你成长的速度也可能随之减慢。

如果在工作中你不依赖上司或者同事，完全靠自己，那么你工作的负担一定会增加。不过与此同时，你能学到的东西也会增加；而且，你通过这份工作积攒的经验不会成为公司的财富，而是完全属于你自己。身在职场就是这样，只有行动的人才能取胜。

当你开始抱怨不工作的人时，就意味着你已经失败了。那些人不管过多久都是一样，不会因为你的抱怨而有所改变。如果尽可能缩小自己的工作范围，只做必须要做的工作，那么就算你到了其他公司，你也没有可以应对问题的能力。最后，很可能你会将自己陷入一种哭笑不得的处境：一边牢骚满腹，一边却又紧紧依附于公司。

现在有这样一种观点，认为公司里干活的人和不干活的人的比例是2:8，先暂且不管这个数字是否正确，事实上，每个公司确实都有一部分人可以带动整个团队向前行。

你想成为公司里的哪种人？是带动整个团队前行的人，还是被带动的人？我想毫无疑问，一定是选择前者吧。

不管是成功还是失败，都必须自己负责

其实，成为带动整个团队的人，是一件非常开心的事。因为你可以用自己的方法去努力工作。就算工作未能按你所愿顺利进行，甚至你因为没有取得任何成果而被开除，你都可以从心底接受这个结果。

而如果成为被带动的人，那么你就会一直按照别人的指示和想法去工作，当你发现不对劲的时候，你可能已经被开除了，此时就算后悔不已也没有办法。有的时候，你甚至都不知道自己到底为什么被开除了。而且，作为被带动的人，就算公司发展良好，你也弄不清楚自己在公司中具体是负责哪项工作，也说不出在工作的过程中自己有什么收获、是

否有所成长。因此，一旦离开公司，也许你就会成为身无长处、毫无价值的人。所以，不要因为受到周围的环境或者人的影响而将自己的精力和时间都浪费在没必要的事情上。不要自己给自己找麻烦。

追求个人成功的过程中，你必须要清楚，你取得的成功是属于你自己的成功，当然，失败也是属于你自己的失败。所以无论发生什么，都不能把责任推给别人，自己为自己负责。只有持有这种态度，你才能充满自信，勇敢前行。

还是那句话，如果你周围的环境里都是没有能力、消极怠工的人，那么这恰恰是最适合你发展的环境。在这种环境中，你能掌控的范围会越来越大，当然，随之而来的机会也会越来越多。

评价别人的时候重点看他未来的方向

在你对一个人做出评价的时候，不能只看他的现状。

大家都说好的人，你就认为他很棒；等到某一天大家都说他不好的时候，你就觉得他好像也没那么棒；后来大家又说另一个人好，你又会觉得这个人很棒……

这就是典型的“墙头草”评价一个人的方法：只根据当时大多数人对他的评价和他的地位去判断他是什么样的人。或者有些人嫉妒心很强，当他对别人做出评价时，只注重那个人的现在，所以就会和“墙头草”一样，只根据现状去评价别人。

这样去评价一个人是极其不客观的。那么，我们该如何去评价一个人呢？

暂且不论其他，如果想要客观地评价一个成功人士，那么你应该去看的是他的努力过程以及他成功的背景。如果只看他的现状，除了感慨“太厉害了，不愧是成功人士”之外，没有任何收获，那么这种评价不仅不客观，而且毫无意义。

你的人生不是为了成为那些成功人士的配角，所以你应该认真分析他们的过去，看看他们到底付出了什么样的努力，然后把他们的经验变成自己成功的助力，这才是追求个人成功的人应有的评价他人的方式。

比现在的职位更重要的是未来的方向

你在评价别人的时候，不能只关注这个人现在是比自己的层次高还是比自己的层次低，而要关注这个人未来发展的方向。也就是说，他未来会向更高的层次发展还是会走下坡路。比如，如果这个人除了讲述自己曾经获得的成功而没有其他话可说，那么他未来一定会走下坡路。所以，比起现在比你层次高但是走下坡路的人，你更应该关注那些本来比自己层次低但未来会走上坡路的人。

将自己与别人作比较时，决定胜负的是未来的走向。即便现在在下坡路上，只要你保持向上的势头，坚持不放弃，一定会在某个地方实现逆转。而且，其实你根本不需要和别人比，你真正的对手不是别人，而是昨天的自己。只要今天的自己与昨天的自己比有进步，那么就证明你有所收获、有所成长。

重建你的人脉关系网

虽然有些不近人情，但我还是建议，不要与那些事业走下坡路或者停滞不前的人交朋友。无论是在工作中还是在生活中，你都应该尽可能去认识可以与你互相帮助、共同进步的人。你们可以一起努力完成各自的目标。当然，每个人都有自己的领域和方法，但正是因为两个人在不同的领域都取得了成功，才能达到互相学习的目的。

与人交往无论如何是要花费时间的。为了让这些时间过得更有意义，你需要有目的地去建立人际关系，并将所有人际关系有意识地排列出一个优先顺序。这也就是我所说的重建人脉关系网。对于那些惰性很强的人，就算是一个大学或者一个单位的，也要降低他们的优先顺序，减少与他们的来往。

那么，到底应该避免与什么样的人接触呢？下面这些人应该就在其中。

- NATO（No Action, Talk Only）的人，听这种人夸夸其谈就是浪费自己的时间。
- 没有“自我”意识、不在乎个人发展的人，和这种人聊天会相当无趣。

- 只谈过去的人，好汉不提当年勇，我甚至觉得这种人可以退出现在的职场了。
- 没什么动力的人，这种人会影响你，导致你也动力不足。
- 态度消极的人，这种人会给你带来负能量。
- 想法和经历都与自己很相似的人。

关于最后一点可能需要特别说明一下。

一般来说，能激发你灵感的一定是和你观点不同、经历不同的人。与这样的人在一起，就算是随便聊天，也会因为视角不同、观点不同而有新的收获。所以，这样的两个人在一起不仅非常有趣，而且一定可以互相帮助、共同提高。

而如果是与自己想法一致、经历相似的人在一起，每次聊天都一定会得到对方的认同，两个人一边互相说着“对对，就是那样”，一边互相安慰，最后也不过就是遇到困难可以互相安慰的“难友”而已。

在我看来，没有必要扩大人际交往的范围，而要注重发掘人际交往的深度。我上学的时候有过很多朋友，但后来依然保持联系的只有一小部分。无论是工作上还是个人生活上，如果我有问题，都能找他们商量。这些人就是我交往颇深的挚友。

大学期间，有很多同学都立下志向，要工作一段时间之后去读 MBA，但是最终将其实现的，包括我在内只有两个人。这位同学与我无论是成长环境还是家庭背景都大不相同，但是我们现在却是关系很好的朋友，互相尊重、互相学习、互相帮助。

与朋友交往，不要广交而要深交

就算你没有积攒人脉的意识，在工作上解决一个又一个困难的过程中，你也会自然而然地拥有人脉。随着工作的推进，你会不断地走向更大的舞台，而每走向一个更大的舞台，你都会在那里遇到应该遇到的人，而且如果你是一个有能力、有业绩的人，就会有越来越多的人慢慢地向你靠近。

不管怎样，你要记住，自己才是主角，一切事情都是以你自己为中心。如果你自己的层次上升了，那么你周围人的层次自然也会上升。继而会让你在工作中认识更多朋友，拥有更多人脉。反之，先有人脉后提高自己的层次是根本行不通的。

建立人脉之后，再进一步从中甄选，自然就能确定谁是交情较深的朋友。千万不要抱有侥幸心理，和一些自己根本无法企及的优秀人才做朋友，妄想有一天时来运转，就可以被他拉一把，从而跳到更高的舞台，这些都是浪费时间的无用功。而且，如果抱着“我可以求他帮我做点什么”的目的去交朋友，对对方来说也是不礼貌的。所以，不要想着靠别人一步登天，与其在这儿浪费时间，不如努力先让自己走到可以体现自身价值的舞台上。

不要做八面玲珑的人

你没必要和每一个人都相交甚好。

我们在上学的时候都会自然而然地有自己的小圈子，实际上在职场中也是一样。所以，和每一个人都成为好朋友这种想法本身就是不现实的。而且，如果你强迫自己去和别人搞好关系，反而会给自己带来很大的压力。不要勉强自己去做一些根本不可能实现的事。特别是不要追求所谓的“八面玲珑”。可能你也想和每一个人都和睦相处，但是事实上，如果是自己不喜欢的人，真的一辈子也不想再见到他。

有为八面玲珑而努力的时间，倒不如把这时间用在工作上。和睦相处固然重要，谁都不会故意引起矛盾，但是不论什么工作，都会有出现矛盾的时候，所以不要刻意去制造矛盾，也不要刻意去尽力避免矛盾。

偶尔和每天都能相处八个多小时的同事们吃吃饭、喝喝酒、聊聊天，实际上并不能证明同事之间的关系非常融洽。吃饭、喝酒、聊天、共度周末这些事情只有与志同道合的人一起做才会觉得开心，所以没必要为了同事之间关系更和睦而勉强自己与不喜欢的人做这些事情。抱着这种目的与同事相处，就算你感到关系更和睦，那也只是一瞬间的错觉，而实质性的问题根本没有被解决。

将工作和生活分开

一直以来我的生活方式都是，舍弃掉没有用的人际关系，朝着一个明确的目标努力。（当然，我也曾经被舍弃过。不过我很感激这份经历，因为它让我真真切切地感受到了自己的不足。）而被我留下的人，自然就会成为交情很深、可以共度周末的朋友。这其中也有我在工作中认识的人，比如之前公司的同事，我们还组织过两家的家庭聚会。这些人都是我真正的朋友，而不是我有意识积攒的“人脉”。

有很多人觉得，工作之后就再也交不到真正的知心朋友了。在我看来，这样想的人是因为职场中的自己不是真正的自己，所以在职场中交到的朋友也不是真正的朋友。最根本的问题其实是你将自己伪装起来去工作的状态。

比如，那些因为工作原因而不得不参加的应酬实际上会让你很不开心吧？其实我也这么认为。公司的同事们打着商量工作的旗号去喝酒聚餐，却根本不会说什么与工作相关的重要事情。在我看来，与其去吃吃喝喝，不如一起留下来加班，也许后者会更有利，会更快地解决问题。

其实我本身并不讨厌酒，我也常常在周五晚上和朋友们一起去喝酒。但是，我从不会以工作为借口去喝酒，因为这毫无意义。而且，就算你参加了这种既不是纯工作又不是纯娱乐的聚餐，只要工作依然毫无进展，你的压力就不会烟消云散。工作中的问题只能通过工作来解决，喝酒应该是与知己一起享受的事情。

最重要的是，要将工作和生活彻底地分开，工作的时候就认真工作，回归生活后放松的时候就彻底放松。也许你会觉得这是理所当然的事情，不过正是因为它是理所当然，我们才应该把它做得更好。

以两个人为目标

你的职业生涯是独一无二的，不会与任何人的相似，也不应该与任何人的相似。所以，我要再次强调，自己的职业之路要自己想、自己定、自己走，职业生涯没有教科书，也没有可以参照的模板。但是，你应该掌握的技能和相关知识就另当别论了。

学习他人技巧的心得

当你看到别人拥有某种技能时，最好是你能够去想："如果我也会这个，那么一定会帮助我实现自己的目标吧。"而且，你还可以通过观察这个人的工作状态，发现这种技能在实际工作中到底起到了什么作用。如果可能的话，你就和这个人一起工作一段时间，这样更有助于你掌握这种技能。

如果发现某个人拥有对自己有利的技能和经验，那么你就尽最大可能找机会和他一起工作一段时间，把能学到的东西都学到手。这种有意识的做法是在实际中学习知识、积攒经验的重要手段。但是切记，不能不加思考，全部照搬，如果一味地模仿的话，你永远都不会超越他。每当学到一个新技能，你都应该想想用自己的方式去理解，并且加入一些自己已掌握的小知识，将这个从别人那里学来的新技能真正变成自己强有力的优势。当然，重要的还是要学会举一反三、学以致用。别人教你 1，你应该自己学到10，如果别人教你1，你就只会1，那么你永远都不会超越那个人。

将能应用于工作中的技能有机地结合

想要在团队中掌握主动权，仅仅靠向某个特定的人学习新技能是不够的，而且学到之后也很难超越这个人。那么，该怎么办呢？答案就是：不限定于一个人，而是同时向多个人学习。敢想敢做，如果你想既有A的语言能力又有B的会计专业知识，那你就同时向这两个人学习，这样你就能同时掌握多种技能。如此一来，成为团队中独一无二不可替代的人也是自然而然的事。

在你同时掌握多种技能的时候，如果能将相关的技能关联起来，不仅节省时间，而且更容易理解。比如，电脑技术和会计学、统计学和市场营销、语言学和合同法等。

要时刻考虑怎样才能战胜优秀的人

我在刚刚步入职场后，做的第一件事就是寻找公司里最优秀的人。经过一段时间的观察，我发现，在所有人里面，独立承担经营企划部所有工作的那位同事（上一章里我也写到了他）和独自承担所有国际业务的那位同事是最优秀的。而两个人分别掌握了两种完全不同的技能。经营企划部的人擅长数字管理却不会英语，而国际业务部的人因为在国外生活过几十年，完全可以用英语推进工作却没有一点会计方面的知识。当时我想，如果我能将二者的长处集于一身，那么我一个人就可以做两个人的工作，成为职场达人。而实际上，我从他们身上学到的东西远比这多得多。

之前我也写到过，因为经营企划部只有他一个人，根本忙不过来，所以每当我完成自己的工作后，就会去他那儿，问一句“有什么我能帮忙的”，然后帮他做一部分工作。也正是因为这样，我才有机会在他那里接触到合作关系的相关业务、预算及实际收益管理（对比分析预算和实际收益之间的差异）、投资核算管理等相关工作。

同样，我也是以帮忙为理由去负责国际业务的同事那里学习，在他那儿我学到了商务英语的使用习惯，让我有了不出国门依然可以提高英语能力的机会。

我就是这样以积极的态度努力、奋斗，一直虎视眈眈地随时准备冲上一个新的台阶。

所以，同样作为职场人的你，发现身边优秀的人后一定要思考我怎样才能超过他。

拥有多种能力和为自己编制保护网有着同样重要的意义。现如今的世界早已不是“一技走天下”的时代了，所以切记要尽可能多地积累知识、学习新技能。

第五章　成功逆袭需要的学习方法

在这一章，我会为你解答如下问题：

- 为了有个更好的未来，我现在应该考哪些资格证书？
- 我必须要学英语吗？
- 英语的读写都没问题，但就是说不出口，怎么办？
- 通过泛听的方法能够学会英语吗？
- 有没有不通过留学也能掌握英语的办法？

不让学习以“三天打鱼，两天晒网”而告终的窍门

在这一章，我将告诉你学习书本知识的方法。之前也说过，通过专业书籍来学习的相关专业知识，一定是在各种不同的领域中都可以使用的知识。也就是说，你通过书本学到的知识一定要有普遍性。

这些知识也值得你挤出时间来踏踏实实地学习，而且不需要任何人帮忙，靠自己就能学。只不过为了提高学习的强度，你首先要达到一些基本的要求。

不要试图成为“万事通”

我在这本书中多次写到，在工作中，要缩小应该努力去做的事情的范围，把精力集中在一个点上，这个点可以是自己喜欢的事情，或者自己感兴趣的事情，或者自己擅长的事情。这个道理放在读书学习上，也是如此。学习专业知识的时候，你只要有所专长就可以了，没必要什么方面的知识都懂。

当你换一个新的工作环境或者接手一项新的工作任务时，你一定会遇到不懂的问题。这时，你可能会因为不了解而缩手缩脚；或者马上开始学习，想要填补自己在这方面专业知识的空缺。但是，就算你这么做了，也不会有根本性的改变，因为对于未知领域的知识空白，是永远都填不满的。

有弄不明白的问题是正常的。重要的是，当你面对不能用自己的知识解决的问题时，你如何尽快展开调查，或者考虑请教一下别人。简单说来，就是要有处理问题的能力。

在学习上，也不要做“八面玲珑”的人，要把学习的最低目标定在强化优势、淡化劣势上。由于工作之后可以用在学习上的时间有限，为了不浪费，要把强化自己的优势放在最优先的位置上。这是工作后学习必须要坚持的法则。作为步入职场的人，你没必要做到事事精通、样样都会，但是一定要把精力集中在自己喜欢的事情上，对于不懂的部分要刨根问底。

与想象中的对手竞争

在学习的过程中，告诉自己，在世界的某个地方可能会有一位我的竞争对手，这样也许会让你有着源源不断的动力。所以，时常地提醒自己：在我玩的时候，肯定有人比我更努力地学习、读书。这种方法的要点就是，这个对手并不是真正存在的，而是你想象中的。这比你真正地找到一个竞争对手要靠谱得多，因为现实生活中，很多对手最后会选择放弃，不能成为自己源源不断的动力，所以还是想象中的对手更值得信任。与想象中的对手（其实就是自己）竞争是最有效的，同时也是可控的。究竟极限在哪里由你自己掌控。所以，大大方方地迎接对手的挑战吧。

我曾一度因为过度疲劳而吐血入院，但是在住院期间我仍然坚持学习。输液的时候胳膊不能弯曲，所以我就将教科书放在胳膊上，一直看书。

如果能做到我这种程度，那么你就能感受到战胜自我的快乐，也能获得不轻易受影响使自己摇摆不定的自信。如果你想让自己拥有自信，那么首先你要做的就是尽全力去努力。

能否成功学习的关键在于是否有学习习惯

不让学习以“三天打鱼，两天晒网”而告终的诀窍就是，养成学习的习惯。

无论你多晚回家，甚至你是喝醉后回到家的，都一定要翻开书本，坚持学习。像这样，假如每天学习三小时，慢慢地养成学习习惯后，你就会发现，学习已经变得不那么痛苦了。

我上大学刚开始学习英语的时候，就决定每天必须用三个小时来学习英语，当然我坚持了下来。在这之后，在家里学习似乎也变成了一件习以为常的事，之后学习会计学的时候也是一样，每天读书就像吃饭、睡觉一样，就这样自然而然地发生了，从来没觉得痛苦或者不情愿。

当然，学习的时间未必是每天三小时，根据自己的情况决定就好。确定之后，为了保证能挤出这个时间学习，你还要养成不做某些事的习惯。这也是习惯化的作用之一。

在这个过程中最重要的就是，自己作的决定，你自己一定得做到。不管是感冒发烧还是酩酊大醉，都必须要挤出时间学习，无论发生什么，都不能轻易放弃。

你还要时常给自己心理暗示：好的习惯是一个人强有力的“武器”，一旦某一天你选择了逃避，那么这个“武器”就会离你而去。因此，要把自己的工作内容按优先等级排序，然后根据这个顺序来安排一天的 24 小时，这样才能利用好每一分每一秒，做到不浪费时间。

不要为了逃避现实而去考资格证书

大部分人都会认为，既然已经是走上工作岗位的人，那么最重要的应该是认真学习后去考取某种资格证书。下面我就说一下我对资格证书的看法。

作为职场人，在学习的过程中一定要注意不要为了逃避现实而学习。特别是对自己的现状不满的人，总想着“我应该去考个资格证书，然后由此实现逆转”。这种想法大错特错。资格考试的商业宣传广告上一般都会写着“没有这个证书就无法在社会上立足”“考取资格证书，走向新的人生舞台”，但是，你的人生是不会因为根本用不到的资格证书或相关能力而改变的。而且，这和语言能力一样，用进废退。如果你是为了防止未来万一用到的时候自己不会而去考了某项资格证书，那么之后你能用到它的概率一定是小之又小。所以，如果要考取资格证书的话，就应该考取与自己工作直接相关或者多多少少有些关系的资格证书，而不是盲目地跟风。能够有“为了实现自己的目标，如果有必要，一定去考”的心态和势头就足够了。

“资格”也只不过就是种资格而已

不要以为有了某项资格证书就能在工作上顺风顺水，这是不可能的，世间的事没你想象得那么容易。比如现在就是一个即便考过司法考试也依然找不到工作的时代。

不论是多么难考的资格证书，持有这个证书的人之间也存在着竞争。而且可以说，你每考过一项资格考试，都会让自己少了一部分个性。如果你在五年甚至十年里都做着别的工作，而想只通过考取这项资格证书就实现惊天大逆转，那是不可能的事。

而且，不知道为什么，那些觉得“只要有了资格，之后一定会好起来”的人在考下证书后，都认为没必要再继续学习了。但是，无论在哪个领域，真正的专业人士在拥有资格证书之后，仍然会不断地学习，根据社会和市场的变化，不断更新自己的知识。

职场中的学习和学生时代的学习是不一样的，它是没有终点的。学生时代的学习总是以期末考试为界限或者以高考为时间点，被分割成几个时间段，你需要在这几个时间段内持续地学习，但是走上工作岗位后的学习是一个长期的过程，没有时间点，只要你还在追求自己的目标，就应该每天都坚持学习。当然，坚持是最重要的。所以，一定要找到自己的努力目标，因为你要把参加公司聚餐、出去玩的时间都用在学习上，如果不是非常适合自己的内容，一定坚持不下来。

在考虑考取某项资格证书的时候，也是同样，如果是你不感兴趣的专业，而你因为“好像应该有这个证书”或者“有这个证书的人现在很受欢迎”这样的理由去考试，就是在浪费自己的时间。别的不说，你在准备考试的时候就会觉得这件事情特别无聊。

资格证书说到底就是能更快实现自己目标的手段而已，不要认为一定得先有资格证书后才能有自己的职业生涯，这是本末倒置的想法。

不要浪费精力去考取自己用不到的资格证书

前面我也提到了，我有三个与财会相关的资格证书：CMA、CFM 和 CTP。了解国外财会专业相关资格证书的人可能会知道，这三项证书都不是业界的顶级证书。业界顶级的证书应该就是 CPA（美国注册会计师）了，但是我从来没想过把 CPA 考下来。CPA 虽然看起来很不一般，却是在日本很不常用的资格证书。因为在日本，你基本上用不到与日本无关的美国的税法和公司法。而且，注册会计师一般都会被安排到监督检查的工作岗位上，所以根本不适合实业公司。除此之外，美国的会计行业规则一直在不断改变，在取得注会的证书之后，还要为了更新自己的知识而不断地学习与我工作基本无关的东西，我觉得自己没有必要在这上面浪费时间，这也是一直没去考 CPA 的原因之一。选择学管理会计学，不仅是因为它可以学到更多具有普遍性的知识，而且美国的财政相关专业在世界上处于领先地位，也就是说，我的选择都是基于未来可以应用到自己的工作中这一原则而决定的。

资格证书和学历不同，如果在工作中根本用不到，那就毫无意义。考取资格证书最重要的一点就是，确定这个证书和自己的工作有直接的关联。单纯为了有某项资格证书而去考试是不可取的。有没有资格证书和事业能不能成功本质上是没有关系的。

考取资格证书要在工作之后

在第三章我写到过，我的三个证书 CMA、CFM 和 CTP 在我的职业生涯中起到了很大的作用。确实，当时我需要有一个可以客观证明 26 岁的我作为上市公司的员工值得信赖的东西，于是决定考取这些证书。但是这并不是主要的目的，如果纯粹是为自己增光添彩，去考 CPA 效果可能会更好。之所以选择这三个证书，就是因为它们与我的工作息息相关。接下来我想以自己的经验为例，详细解释资格证书与工作的关系。

寻找可以拓宽自己职业道路的资格证书

我决定考 CMA，是在大学即将毕业之时。另两个是在跳槽之后，开始着手准备公司上市的时候考取的。当然，为了尽快考取这两个证书，我也加快了相关专业知识的学习。

前面提到过，我跳槽的第二家公司 MCJ 的财务管理部门的工作一塌糊涂，只有一个会簿记的专科生和一个从税务师事务所聘请的人一起做些简单的账目计算。

当时公司以上市为发展目标，所以在入职之后，我早早地就开始了完善财务管理的工作。为此，我重新分析整理了那些很不专业的财务预算和规划，从零开始重整财务管理工作。这种情况下，最需要的就是管理会计学的相关知识，因此，当时对于我来说就是将自己所学到的知识和实践完美地结合到一起。

有了如此好的机会，为了能够更好地利用，我决定考取一些和我当时工作内容相关的其他资格证书。所以，我侧重寻找和财务以及资金控制相关的证书。在寻找的过程中，发现日本没有相关的资格考试，于是我决定去美国考。这样不仅可以学习英语，还能拿到资格证书。

这些资格证书，比如与管理会计相关的 CMA，与 CPA 不同，它比 CPA 更具有普遍性，在美国之外的地方用到的频率也很高，所以更有助于我走向国际舞台。

当然，除此之外，还有一点，因为这些都是美国的资格证书，所以我觉得通过参加考试，也相当于给自己镀了层金。

有必要考的资格证书在工作中才会真的用到

如前所述，我首先考取了 CMA。后来为了重组公司内部结构，看到了公司未来会上市的走向，预测到可能需要与财务相关的知识，于是我又考取了这一领域的相关资格证书 CFM。取得 CFM 证书之后，公司成功上市，设立了子公司，此时，我发现自己与现金管理相关的知识不够完备，而公司在发展的过程中，如果要在海外设立子公司，那么一定需要现金管理方面的人才，所以我决定去美国考 CTP。

考取这三个证书，我大概花了两年的时间。这两年里我从未间断过学习，而且三门考试我都是从美国的亚马逊网站上买来教材自学的。

我讲自己的例子就是想让你知道，我是在工作的过程中发现有必要去考取相关的资格证书，才一个一个地去考取的。边工作边学习相关的专业知识，不仅有利于你掌握知识，更能让你将所学的知识应用到实践中去，所以这样准备资格考试会更加有效率。而且这样一来，你会快速实现学以致用—积累经验—学以致用的良性循环，这种知识与经验相互作用所带来的优势是不可估量的。

如果想要学习某项专业知识，并考取相关的资格证书，我建议你使用这种方法：在工作中自然而然地学习，不需要刻意去准备。

我说过，在小公司里工作非常容易让自己的工作方式过于有个性，所以一定要注意在某个阶段去培养自己普遍适用于各种工作的能力。而在培养这种能力的过程中，顺便去考个资格证书也是个不错的选择。

对于“英语是不是的确很重要”的回答

经常有学生问我：“是不是还是会说英语比较好？”我的回答是：必须要会。

但是就我个人而言，我学习英语是因为我想要多了解这个世界，也是因为想证明“日本人都不会英语”是个谬论。

所以对于我来说，学英语是必要的也是必然的。

“是不是会说英语比较好”这样的问题，不应该问别人，而应该问你自己。如果自己觉得有必要，那就应该去做，仅此而已。

你的工作中有多大程度会用到英语

你的工作中使用英语的频率如何，这是你需要考虑的问题，而且不光是现在的工作，包括未来你想做的工作。如果你的回答是90%的情况都会用到，那么你就必须学会英语；反之，如果只有10%—

20%，那么就没有必要一定得学英语。

按照我之前说的，你要有自己应该去不断强化的优势或能力，但是没必要减少在这上面的时间投入而去学英语。这和建立人际关系一样，要有优先级别。英语只是个工具，它本身并没有什么附加值。而且，想在工作中流利使用英语需要花费大量的时间，所以在决定投入大量时间和精力学习英语之前，一定要想想："没有别的更重要的事了吗？""会说英语究竟会对自己有多大程度的积极影响？"

最重要的是要判断它对你的工作有多大的意义

并不是所有在国外工作的人都能流利地使用英语。以我的经验来看，每个国家都只有一小部分人能用英语进行激烈的商业谈判。不过就算不会英语，通过翻译也能顺利完成工作。在亚洲人的圈子里，除了最开始的相互问候用英语外，其他都靠翻译是很常见的方式，在国际会议上也会经常使用这种方式。而且，有很多英语很好的人在与当地人交谈时也会使用翻译，而不是用英语对话。其实这是一种战术，因为在说英语的国家进行商谈，一旦意见不合，直接使用英语交谈可能会对外来一方不利。

所以，不要相信语言学校的那些广告，他们只是为了让更多的人去学习英语，这样才有钱赚而已。况且，会日语的人已经超过 1 亿，这也是个很大的市场。想到这一点，即便不会英语，也不会觉得有什么困扰了吧？

最根本的问题是，你是不是一个让人觉得有交谈价值的人，也就是说你会不会让人觉得“好想和这个人聊聊”。如果你让人觉得有接近的价值，那么就算你不会英语，对方也会带着翻译来找你的，说不定还会特意学几句日语来跟你打招呼。

英语只是沟通的工具，如果自己不会英语，那就雇那些会英语的人来为自己翻译就好。当然，对于任何团体，会英语的人都比不会英语的人更有价值，但是归根结底，这个价值的根源是在你这个人身上，而不是你所掌握的英语上。

只会日语越来越难在这个社会上立足

但是，可以预见，再过 10 年或 20 年，会英语或汉语会成为理所当然的事，只需要日语能力的工作会越来越少。最近，很多公司都把自己的工作语言换成英语，可以看出，越来越多的公司准备与国际接轨。不过在这种公司的会议中，还是经常会听到“这个问题比较重要，所以我们用日语来说”，但我认为，这是过渡期必然会出现的现象。所以，不要认为这是值得你嘲笑的地方，如果有这个的时间，不如去想想自己能不能提出更有建设性的意见。

现在公司里四五十岁的员工，对公司来说仍然很有价值，对于这些人来说，与其自己下功夫学英语，不如直接用会英语的人来做翻译，把时间和精力用到别的地方，这样更现实也更有意义。但是，年轻的员工在实现自我的路上一定会有用到英语的时候，不如提前做好准备，学会英语，别让英语成为自己成功路上的绊脚石。

接下来，我会详细介绍学习英语的方法。

将应试英语和常用英语结合起来掌握

在刚步入社会的时候，我一直把英语和会计能力当做自己的优势在职场中打拼。当时我的英语能力就已达到商务水平。由于现在供职的咨询公司经常涉及日本企业到海外并购谈判的工作，所以经常会在国外连续工作几个月。因为这种工作性质和经历，我的英语水平已经足以应付各种相关工作，我看的书和杂志都是英文的。

我不是在国外长大的归国子女*，也只有一年多的留学经验，我的英语是通过自学掌握的，甚至还被外国人评价说“你的英文太完美了”。

之前也写到了，除了高考前的应试英语，我真正自学英语是从上大学开始的。大学二年级的时候，我第一次参加托业考试就取得了 900 分的好成绩，

---

* 归国子女，指童年或青少年时期长期在国外生活，后来又回到日本的人。

有生以来第一次迈出国门，去华盛顿学院交流的时候还因为成绩优秀而受到表彰。

当然，取得这些成功并不是因为我有天赋，而是我采用了正确的方法。

接下来，我就将毫无保留地详细介绍自己的学习方法。

充分利用课余时间

首先要说的就是，英语学习从任何时候开始都不算晚。当然，如果想像英语为母语的人一样发音标准，需要非常努力、早早开始才行，但是工作中用的英语，无论什么时候开始你都可以掌握。

最重要的原则就是，日常生活中要习惯使用英语。不管背得多熟练，只要不用，很快就会忘了。反过来说，工作中经常要使用英语的人，相对来说会更容易掌握。

我刚上大学开始学习英语的时候，为了能够尽可能长时间地接触英语，我决定每天学习英语三小时。当然，不可能每天都有完整的三个小时来学习英语，但是我可以利用课间休息的时间、打工的间歇、路上的时间等零散的时间，总之，一定能保证每天会学够三小时。

我为我自己订的计划是用三年时间掌握英语：第一年是巩固基础、学习大量新知识的阶段；第二年是开始使用英语的阶段；第三年达到可以自由熟练地使用英语。

在第一年，我犯过很多错误，走过很多弯路，但正是因为这样，我也逐渐找到了掌握常用英语的方法。

应试英语和归国子女所说的英语之间的不同

大学期间我是国际学专业的，所以周围有很多英语很好的人。通过仔细观察，我发现，英语考试中能拿高分的人和归国子女或者“海归”这种能够流利地使用英语的人是不一样的。

前者的特点是词汇量特别大，甚至会让母语为英语的人觉得惊讶：“天哪，这个词都知道?!”但是，虽然他们的读和写都没有问题，却不能流利地用英语对话，没有瞬间应变的能力。在我看来，这是他们过于重视知识的积累而忽略了实践所导致的。

后者的特点是，由于生活中经常使用英语，所以在用英语对话时会很快回应，而且自身也已经习惯了用英语交流。但是，由于没有系统地学习过英语，他们的词汇量并不是很大，除了自己擅长的话题之外，谈到别的问题就会不知道该说什么。如果用学习和实践的理论来评价的话，就是他们学习和掌握英语的途径过于狭窄，仅限于自己的经历。

因此，应付考试的英语和实际生活中的英语是完全不同的，掌握这两种英语的方法也各不相同。如果你能将两种英语都牢牢掌握，那你的英语能力就可以所向披靡了。

那么，该如何同时掌握这两种英语呢？就像我在上一章里讲过的，如果有两个优秀的人同时出现，最好的办法就是将他们的优点结合起来一起掌握。

把词汇量、读写能力和听说能力结合到一起考虑，就会掌握在日常生活中可以使用的英语。而这两种不同的英语，其学习方式和训练方式也完全不一样。想要同时学习这两种英语，就要格外注意有意识地进行两种不同的训练。

我的单词记忆法

我相信那些为了通过考试拼命背单词的人一定可以感受到，只背单词并不能让自己流利地说出英语。但是，流利地说英语的基础却是足够多的单词量，更何况背单词是掌握商务英语的一条必经之路。而正确判断努力方向、走好必经之路是这个过程中最重要的环节。

用身边经常出现的单词来造句以帮助记忆

不管是什么单词，先一个一个地背吧，这种背单词的方法是最没有效率的。高效的记忆方法应该是先记住身边最常出现的词，然后以这些词为基础，扩大单词记忆范围，记住更多的词。

首先，你应该从生活场景中出现的单词开始，比如你眼前的手机、圆珠笔、会议资料等，先记住这些单词的英文。然后，用已经记住的单词造句，比如用手机拨打紧急电话、我弄丢了昨天刚买的圆珠笔、把会议资料用夹子夹起来。

单独记忆单词不仅容易忘，而且你也不熟悉应该在什么情况下使用；利用句子记忆单词则会让单词“活起来”，从而更有利于记忆。

我当时就是从书店买回有很多例句的单词书，用这个来背单词。最开始买的是《从起床到入睡之间你会用到的英语》这个系列，这套书好像现在仍然有售。

如果只看一本书的话，那就只能记住一种表达方式，想要知道在同一种情况下不同的表达方式，你就需要多买几本，多积累一些自己以后能用到的表达方式。如果只知道一种对话模式，一旦对方没有按照你的模式进行对话，那么你可能就会乱了手脚，不知该如何应答。所以，在最开始的知识积累的阶段，一定要尽可能多地增加知识储备量。

总结一下，学习英语的方法如下：

(1) 用背诵句型的方式记单词，之后将句子中的部分单词换掉，使其变成自己能用到的句子。

(2) 以已经记住的句型为基础，不断向其中填充新的单词，扩大背诵单词的范围。

(3) 增加句型和单词的积累量，使自己能够使用的固定模式越来越多。

平时的工作生活中，把自己常见却不会的单词单独记下来，根据不同的场景用这些单词造不同的句子。这也是非常有效的学习方法。

我现在也会把报纸、杂志或者采访稿中特别的表达方式记录下来，放到 kindle 里，有空就拿出来看。

另外，我想说，kindle 的背光功能真的很不错。

用单词书来巩固基础

当然，背单词这件事，一定是背得多的人才是胜者，这一点我并不否认。

我在背单词的过程中，将单词分为两种：一种是我一直说的在日常生活中使用的单词；另一种就是可供应对突发情况的单词，也就是单纯增加词汇量的单词，这种单词我通常是以每天一定要记住××个的方式来记忆的。

对于日常生活中不常出现的单词，你只能买来单词书，一点一点去记。所以尽早开始，趁年轻，赶快行动，并把这件事变成一种习惯。

不过，记忆这些词的方法也应该采取我之前说的，买那种有例句的单词书，然后把单词填进已掌握的句型中，通过造句来记忆单词。

另外，刚刚开始学英语的时候，你可能会突然心血来潮想要参加英语一级能力检测，然后就买了一级能力测试的专用单词书，拼命记住了一些平时根本不会用到的单词。其实，这并不是学习英语的好方法，与其用这种单词书，不如买托业考试的参考书，相较而言托业参考书里的单词更实用。

我在背单词的阶段要求自己每天记住 50 个单词。在这段时间，我疯狂地背单词，经常一边走路一边看笔记纸背面写的单词，或者只要有时间就一边小声地读一边写。总之，抓紧一切时间背单词。

之前我也写到过，在披萨店送外卖时，我会一边开车，一边嘴里嘟嘟囔囔地背单词。其实在做其他工作，比如修路挖沟、施工现场的警备员时，我都会一边工作一边背单词。在地铁上，不管是坐着还是站着，我都会一边写一边背。

不过，背单词的过程中，你会发现，第一天背的单词第二天一定会忘记一部分，所以为了防止这样的事情发生，第二天我通常是先复习第一天的单词，然后再开始背新单词。同样，在第三天，我也会先复习第二天的再开始当天的任务。然后，到每周的周末，我会把一周的单词从头到尾地复习一遍，就这样不断地复习旧单词、记忆新单词，夯实基础、循序渐进。

一本单词书，我常常花费几个周的时间来记，确定完美地掌握了每一个单词后再开始背下一本。我的几本单词书都已经被我翻烂了。

另外，当背单词进行到一定程度之后，我建议你可以开始看英英词典。因为英英词典都是用几个简单的单词和句式去解释一个单词，常看英英词典，习惯用英语来记英语是非常有效的学习手段。

这就是我的英语学习法。我相信，背单词书的阶段结束之后，再打开英英词典时，你会惊喜地发现上面所有的单词你都认识，这种感觉一定会让你心情舒畅。

把英语说出口的训练方法

上一部分我提到，能够流利地说出英语的基础就是足够大的词汇量，也介绍了如何巩固这一基础。这只是学习英语的第一步。

其实只要是经历过高考的人，绝大部分都有一定的单词量，只是他们就像拥有武器却不知道该如何使用的人一样，不知道应该如何利用自己所掌握的大量单词。

之前我也说过，单词量、读写能力和会话能力的提高需要完全不同的训练方式。对于拥有单词量的人，只需训练他们能够有效地将这些单词应用到实际会话中，就会很快地提高他们的会话能力。如果看不到这一点，觉得就算自己背了单词也不能流利地说英语，甚至放弃背单词，你的会话能力永远都不会提高。

前面我介绍了用可能出现在日常会话中的单词

去造句来记单词的方法，再进一步，用同样的方法也可以记住日常会话中常用的句式。

在大学期间，因为一直特别希望有留学的机会，所以我经常想象在国外的宿舍里生活的场景、和外国朋友交流的场景、在教室中向教授请教的场景等，通过这种方法来增加自己应该掌握的句式。这个时候，我刚才提到的那种按场景将单词分类的单词书就起到了非常重要的作用。当然，这个阶段多看看国外的电视剧或电影也会起到同样的效果。

国外的电视剧和电影会起到至关重要的作用

我在看电视剧或者电影的时候，如果发现某个场景也会在自己的生活中出现，那么我就会把这个场景中出现的对话全部记下来。

我还会把电影中的对白用磁带录下来（很久以前的事了，现在可能没有人用磁带了），然后在送披萨的路上边骑车边跟读。

我把与自己的生活很像的场景一个个地记录下来，或者记在本上，或者用磁带录下来，然后一边想象着那个场景，一边小声地复述电影中的对白。

也许在别人看来很麻烦，但是对于喜欢电影的我来说，这其实是一种享受。

我把这种方法推荐给大家，现在录音的手段可能比当时先进许多，也比我当时方便了很多。如果每天都能这样练习 30 分钟，很快你就能学会简单的对话。而且，同时使用视觉、听觉和记忆力，背单词的效果会更好。这种方法会让你想象的场景更生动、更引人入胜，所以更容易记住其中出现的新单词和新句型。

另外，还有一个重要的方法：在看电影或者电视剧的时候，不要依赖字幕，包括英文字幕，而是要自己去听。就算不断地慢放、查词典也听不出来，也要坚持听，听出多少是多少。就算暂时听错了也没关系，因为如果是搭配不当，你一定会检查出来。同时，阅读电影原著也是一种有效的学习方法。读不懂的时候，一想到相对应的电影场景，就明白书中的意思了。

在使用这种方法的时候，要注意选择电影的类型。比如，《低俗小说》这种电影如果拿来当做英语学习的素材的话，可能你学到的会全都是低俗用语

（不过，这些话可能和留学期间的同学一起闲聊时会有用）。

泛听学英语的局限性

有一种学习方法叫做“泛听学英语”，以我的经验来看，这是很没有效率的一种方法。没有积累足够的单词量就泛听大量资料其实没有任何意义。所以，重要的还是先增加词汇量，夯实基础。

通过电影或者电视剧来学英语，在听的同时，对话内容相应的场景也会生动地展现在你面前。相较于泛听，这种方法一定会让你留下更深的印象，更有助于加深记忆。

而且，泛听学习法会让你处在被动当中，这也是问题之一。通过多听，你的听觉系统确实会习惯接受英语，但是，这并不能训练你把听到的内容全部转化成自己的语言。只有英语水平很高的人，才能听到某种用法后马上记住，并用在自己的表述中，中低级的人由于水平的限制，就算想这样做，可能也做不到。

不去留学也能学会“能用”的英语

很多人会以为，一直生活在日本的日本人，如果不去留学的话是无法真正提升自己的英语能力的。其实不然，我见过很多为了学好英语选择出国留学的人，但是其中却很少有人能有预期的收获。因为如果你本人不积极主动地去学英语，那么就算在国外生活五六年，最后回国的时候你的英语水平还是一样糟糕。

与这种人相比，也许生活在日本、有丰富想象力的人的英语水平会更高。因为他们能够一边想象着自己生活在国外的场景，一边学习英语。

其实，日本本身就是一个可以接触到大量外国人的国家，如果你有强烈的学习意愿，那么你会发现接触母语为英语的人并不难。我上大学的时候，校园旁边就是留学生公寓，只要一有时间，我就会去那儿找留学生聊天。所以说，如果你想去接触外国人，只要用心，其实有很多可以免费接触到外国人的机会。如今这样的机会更多了，你可以去做旅游景点的志愿者，可以通过社交网络结交外国朋友，用 Skype 跟他打电话。YouTube 上也有很多可以免费观看的英语讲座视频。

之后要做的就是怎样将所学应用到实践中去，活学活用。

丢掉所谓“标准英语”的神话

学英语的过程中，还有一点需要特别注意的就是，不要拘泥于所谓的“标准英语”。

比如说在日常生活中，有人比较喜欢使用网络用语，对于这种现象，一部分人表示不认同，但绝大多数人都不会在意。英语也是同样，稍微有一点语法错误是可以容忍的，没有人会一句一句地挑你的错误。

不要拘泥于语法是否正确

我只在高考之前为了考试而系统地学过语法，在那之后就再也没在意过语法问题，但我在与别人用英语交谈的时候，从来没有人说过“你这句话说得不对”。语法是不是完全正确不重要，重要的是你能不能与别人正常沟通。

先不要在意语法，先记住生活中的常用语，随着已掌握常用语的增加，你会渐渐地理解更多的语法。而且，大部分母语是英语的人在书写或者对话的时候也未必都能严格遵循语法。在美国和英国的很多大学中，都有“lighting center”，这个“lighting center”就是专门负责为学生修改论文或者报告中的语法错误的。学校规定，在上交报告或者论文之前，必须要拿到“lighting center”去检查一遍。

连他们都不能避免出现语法错误，作为英语非母语的日本人，就更没必要去纠结语法问题了。

不要被正确答案束缚

英语是全世界范围内应用最广泛的世界性用语。全世界有很多国家和地区都使用英语，但是并没有人规定其中哪一种发音、哪一种语法才是标准的英语。慢慢地你会发现，母语为英语的人说话也会有语法错误，亚洲人说出的英语非常有自己的地域特点，爱尔兰人尽管说的也是英语，但在接受英文采访时却需要为他们配上字幕，德国人常常发不准“h”的音……每一个地方都会有自己独特的英语表达方式。

留学的时候，有一次课上，一位印度同学发言，全班只有另一位印度同学不停地颔首表示赞同。因为包括我在内的其他同学没有一个人听懂了他说的话。

英语是一种被广泛使用的语言，无论是谁都可以使用，并非一定要达到流利使用的程度才能开口讲英语，只要能达到无障碍沟通就可以。所以从这一点上看，你根本没有必要在意发音和语法。

当然，世界上公认的标准英语就是英式英语和美式英语，但如果你过分拘泥于这个标准而无法张口说出英语，岂不是本末倒置？

重要的是掌握可以使用的英语，其他的细节不必太过在意，过分在意会让你学习的过程变得非常无聊。

幻想自己可以流利地说英语的样子

想要坚持学习英语，不被困难打败，最好的办法就是想象熟练掌握英语后自己活跃在各种场面里的样子。如果没有幻想，学习英语就变成了为了背诵而背诵的苦差事。如同我在第二章中写到的，想象成功的自己就是动力的来源。很多人习惯将自己的梦想写在纸上，贴到自己能看到的地方，以此来激励自己。但我认为仅仅这样做是不够的，你还需要在脑海中想象真实的场景，感受那种激动的心情。

而且，英语这种技能，会读会写都没有什么可值得高兴的，只有会说才真正值得欢呼雀跃。所以，当我开始把学习英语的重点放在会话能力上的那一刻，我就感受到了，会英语已经变成了可以让我开心激动的事情。

走向社会后，你的学习生活不仅没有终点，而且也没有一种类似于考试的阶段性检测，可以让你对自己所掌握的知识有所了解。如果一定要检测的话，可能只有靠你的工作成果了。所以，你必须要有一个可以长期坚持的方法，可以让你将精力集中在与工作相关的领域。同时，你还应该经常给自己设立一个高目标，来激励自己不断努力。

后　记

在这个世界上，总有一些人固执地认为：公司里每天的工作无聊透顶，走向社会后人生变得毫无乐趣。

对此，我不敢苟同。

正相反，我觉得，走上社会后，人生才会变化无穷、丰富多彩，比学生时代精彩得多。走上社会后，无论是工作还是生活，任何事情你都可以自己做主，与学生时代相比，你可以更全面地掌控自己的人生。而且，如果你真的觉得人生无趣，那么一定是你选错了前进的方向，这最终会导致你丧失自我，找不到自己的价值。

仔细想想，我们每个人在学生时代都是一个独特的、独立的个体。我们的穿着打扮五花八门；我们的兴趣爱好各有所异；我们的个人秉性、擅长科目以及活跃的舞台都因为个体的不同而不尽相同。但是，为什么一走上社会，这些属于自己的特性就突然消失了呢？就好像只有放弃梦想、不再坚持个性才能变成真正的大人一样，而这似乎只是一眨眼的工夫，每个人都变成了毫无特点、碌碌无为的职场大叔、职场大妈。

这是多么令人惋惜的改变。

其实，真正的成功恰恰就是毫无保留地展现个性的结果。正因为如此，就像我书中写到的那样，每个人都是潜在的成功者。世界上没有人毫无特点，这个社会也正是因为每个人的不同才形成了它的多样性。

在这本书的最后，我还想告诉你们：不要拘泥于这本书告诉你的方法。能让自己的个性得以展现、最后开花结果的方法，只能靠自己去思考、去寻找。

在这本书里，我一直把“努力”作为我的关键词，告诉大家我对工作的看法和我的努力方法。在前言中我也写到，我希望以我的方式尽可能地让更多的人取得成功。我相信，你在阅读的过程中，一定会有让你恍然大悟的地方，也一定会有让你疑惑重重的时候。不要对自己的怀疑有所顾虑，这种怀疑的态度其实才是最重要的。我在书里也反复强调，切记不要成为“墙头草”。所以，你自然也不应该只听我的“一家之言”。

我相信，正确的努力方法是成功的必要条件，至少对于大多数既无学历又无头衔的“普通人”来说是必要条件。但是具体选择什么方法却因人而异，没有一个普遍的标准，最适合你的方法就是最佳的选择。包括我这本书中提到的所有方法，你都不能照单全收，要有所选择。比如，我写到自己曾减少睡眠时间，从而把学习的时间增加到极限。我之所以这么做，是因为我可以长年忍受每天只睡两三个小时的状态。但是，如果你是那种每天不睡够八小时就会昏昏沉沉一天的人，那你就应该保证足够的睡眠时间。我选择减少睡眠时间，只是我的一种方法，并不是必须要遵守的规则。重要的不是选择与我相同的方法，而是选择适合自己的方法，并为方法的顺利实施而改变可改变的环境。没必要看到我写到减少睡眠时间去学习，你也强迫自己减少睡眠时间。如果你因为睡眠时间不足而导致整个白天状态不佳，无法工作学习，那么实际上你根本不是在努力，只不过是装作努力的样子罢了。

在这本书中我还写到，如果想要让自己的努力开花结果，就不要随波逐流，要冷静客观地找到适合自己的领域和方向。也就是说，确定对自己来说是不是最佳的选择最重要。所以，遇到任何问题、听到任何建议，你都要想一想这是否适合我，并且要把这种思维方式变成一种习惯。如此一来，你的人生一定会变幻出更绚丽的色彩。人生路漫漫，从什么时候、什么地方开始并不重要，重要的是你究竟能够走到哪里。

最后的最后，我想说，整本书里我就像人生导师一样，都在说自己的经验和经历，但实际上我自身仍然有很多的不足。每当接手新工作时，我都会拼命学习以应付之前不懂的问题。而且，一直以来，我都将大部分的精力投入到工作中，所以感觉自己似乎脱离了普通人正常的生活轨迹。比如，那些艺人、歌手的名字我一个都不知道，偶尔遇到这方面的话题，我就像鸭子听雷一样，完全不知所言。所以，稍微关注一下娱乐圈的消息，可能也会成为我今后努力的一个方面吧。

正因为如此，我不会像一个旁观者一样，只是站在你们身旁，喊着“加油！加油！”为你们助威，我也会参与其中，和你们一起奋斗，和你们一起掌握自己人生的主动权！

那么，就让我们共同努力吧！

我，朝着属于我自己的方向；你，朝着属于你的方向。